Patrizia Pozzi Contemporary Landscape

Patrizia Pozzi
Contemporary Landscape

Nuovi racconti e visioni
New tales and new visions

a cura di / edited by Luca Molinari & viapiranesi

In copertina / Cover
Photo Davide Forti
progetto / project 3:
Landscape per un nuovo
porto in Albania /
Landscape for a new
harbour in Albania

Redazione / Editing
Anna Albano

Impaginazione / Layout
Paola Ranzini

Traduzione / Translation
Paul Metcalfe per / on
behalf of *Scriptum*, Roma

Testi / Texts
Simona Galateo /
viapiranesi: pp. 26, 60, 102,
104, 105, 132, 134, 152,
174, 198, 206, 234
Alessia Mendichi /
viapiranesi: pp. 48, 52, 56,
58, 90, 106, 109, 112, 124,
126, 128, 140, 144, 146,
172, 236, 238, 244, 246,
250, 252, 255, 262
Gaia Bianchini / viapiranesi:
pp. 28, 34, 38, 44, 62, 64,
67, 88, 116, 121, 122, 130,
136, 150, 158, 161, 162,
170, 270, 276, 278, 284,
292, 293, 298, 300, 302,
304

First published in Italy in
2011 by
Skira Editore S.p.A.
Palazzo Casati Stampa
via Torino 61
20123 Milano
Italy
www.skira.net

Printed and bound in Italy.
First edition

ISBN: 978-88-572-1201-2

Distributed in USA, Canada,
Central & South America by
Rizzoli International
Publications, Inc., 300 Park
Avenue South, New York,
NY 10010, USA.
Distributed elsewhere in
the world by Thames and
Hudson Ltd., 181A High
Holborn, London WC1V
7QX, United Kingdom.

Finito di stampare nel mese
di dicembre 2011
a cura di Skira,
Ginevra-Milano
Printed in Italy

www.skira.net

Al mio studio e a tutte le preziose
persone che vi lavorano

*To my associates and all my
invaluable collaborators*

Sommario / Contents

Se dovessimo fare oggi uno sforzo di grande ottimismo potremmo facilmente immaginare che, se verrà ricordato un qualsiasi grande architetto per il XXI secolo, questi sarà quasi sicuramente un paesaggista.

L'affermazione potrebbe sembrare provocatoria se pensiamo a quanto la grande architettura abbia costruito i nostri territori e formato i nostri modi di abitare, ma tutto questo è stato messo radicalmente in discussione dalla forza dirompente del secolo appena passato e di quanto ci troviamo, oggi, a dover necessariamente riparare.

In un secolo in cui la popolazione mondiale è passata dal dieci al sessanta per cento degli abitanti urbani, determinando un consumo irragionevole di territori, coste, risorse, spazio vergine, senza che quasi mai si valutasse appieno l'impatto che tutte queste scelte avrebbero provocato sulla nostra vita, non resta che guardare a tutto questo con occhi diversi e consapevoli.

Dopo un secolo come questo, non ci resta altro che tentare l'impossibile, ovvero risarcire i territori violati, tentando un difficile bilanciamen-

Making a great effort of optimism, we can easily imagine that if any architect of the 21st century is to be remembered as great, it will almost certainly be in the field of landscape.

This assertion may appear provocative in view of the extent to which architecture on the grand scale has constructed our territories and moulded our ways of life. All this has, however, been called radically into question by the shattering impact of the recently ended century and of everything that we now find ourselves faced with the task of repairing.

After a century in which the proportion of the world population accounted for by urban inhabitants went from 10% to 60%, accompanied by the wholly unreasonable consumption of land, coastlines, resources and virgin soil as the result of decisions whose potential impact on our lives was practically never fully assessed, our vision and awareness of all this is necessarily very different indeed.

After such a century, we can only attempt the impossible, namely to heal the wounded ter-

introduzione
introduction

luca molinari

to tra aree densamente abitate e luoghi colonizzati da una nuova Natura ripensata, progettata,
rispettata, nella speranza che chi avrà modo di
abitare i territori che verranno avrà nel frattempo avuto un'educazione e una cultura del
vuoto e della bellezza capace di accogliere gli
sforzi che ci attendono.

Questi scenari così duri, quasi apocalittici, hanno avuto nel nostro Paese uno dei picchi di maggiore intensità e azione compromissoria. Dalla fine degli anni cinquanta a oggi la maggior parte delle nostre città è cresciuta di otto, dieci volte, assistendo a un parallelo abbandono e perdita di campagne, valli montane, fasce costiere. Quello che
sembrava un equilibrio antico che vedeva l'uomo
capace di colonizzare e trasformare territori con
attenzione e sapienza dei climi, degli odori, delle
qualità delle nostre terre, in poco meno di tre decenni si è quasi completamente perduto e la conseguente involuzione nella qualità diffusa della nostra vita è davanti agli occhi di tutti.

La capacità di costruire paesaggio in maniera quasi istintiva sembra essere svanita, e così la
sapienza nel dare forma a spazi pubblici di qualità diffusa, felici da vivere e abitare, in cui la relazione tra parti dure, progettate e spazio aperto, naturale trovava un felice equilibrio.

Per troppo tempo in Italia pochissimi autori, paesaggisti o giardinieri che fossero, hanno
preservato un sapere che era delle nostre terre
ma senza che potesse diventare una conoscenza
da estendere alla comunità intera. Personaggi

ritories and to strike a problematic balance between densely inhabited areas and spaces colonized by a new sort of nature — rethought,
planned and respected — in the hope that those
who will inhabit the territories to come will have
acquired in the meantime an education and a culture of the void and of beauty capable of embracing the efforts that await us.

It is in Italy that these bleak and almost apocalyptic scenarios have reached one of their peaks
of intensity and criticality. Since the end of the
fifties, most Italian cities have grown to eight or
ten times their initial size with the corresponding
abandonment and loss of countryside, mountain
valleys and coastal areas. The ancient equilibrium
that rested on mankind's apparent ability to colonize and transform areas of land with keen awareness and understanding of the climates, scents
and qualities of our world has been almost completely lost in just under three decades and the consequent decline in the general quality of our life
is clear to everyone.

The ability to construct landscape in an almost
instinctive way seems to have vanished together
with the informed capacity to give concrete shape
to public spaces of overall quality to be experienced and inhabited joyously, places where the relationship between the hard, designed parts and
natural open space found a happy balance.

For all too long in Italy, a very small number
of landscape architects, gardeners and the like
preserved knowledge that belonged to our land

come Piero Porcinai o Pejrone vivevano e opera-
vano solo grazie a sofisticati e illuminati com-
mittenti che credevano nella forza di un bel parco e di un giardino ben disegnato quando intorno
le nostre periferie residenziali crescevano senza
che si avesse l'attenzione nel costruire spazi pubblici a misura d'abitante.

Fortunatamente la situazione negli ultimi
due decenni sta lentamente migliorando, anche
perché una nuova generazione di paesaggisti è de-
finitivamente emersa e, con essa, una diversa e
più consapevole committenza comincia a vedere nel progetto degli spazi aperti una straordi-
naria risorsa ambientale e civile.

Ed è in questo panorama che s'inserisce l'attività e la ricerca di Patrizia Pozzi che, dopo una lau-
rea con Marco Zanuso e una lunga formazione di
specializzazione universitaria e sul campo, ha aperto a partire dai primi anni novanta uno studio di
progettazione del paesaggio e degli spazi verdi pubblici e privati che si sta progressivamente affer-
mando sulla scena nazionale e internazionale.

La lunga serie di progettazione di giardini,
parchi e spazi aperti commissionati da grandi
gruppi privati e da alcune, coraggiose ammini-
strazioni ci racconta di un decisivo cambiamento
di mentalità nella committenza italiana e, insieme, di una inevitabile metamorfosi nella sensibi-
lità della popolazione, non più indifferente ai luoghi che vengono costruiti per la sua vita quotidiana.

E così i recenti lavori per gli spazi aperti (a
terra e pensili) del nuovo Quartiere Generale di

but was not susceptible of transmission to the com-
munity as a whole. Figures like Piero Porcinai and
Pejrone were able to live and work only due to cul-
tured and enlightened clients that believed in the
power of a beautiful park and a well-planned garden when our residential suburbs were growing all
around and no care was taken to tailor the construction of public spaces to their inhabitants.

The situation has fortunately shown some slow
improvement in the last two decades, not least because a new generation of landscape architects has
definitively emerged together with a new and more
aware clientele that is beginning to see the design
of open spaces as an extraordinary environmental
and civic resource.

And this panorama is the stage for the stud-
ies and activities of Patrizia Pozzi and her studio for the design of landscape and green spaces,
both public and private. Opened in the early
nineties after her graduation under the supervi-
sion of Marco Zanuso and long years of special-
ized training at university and in the field, the
firm is gradually establishing itself on the national and international scene.

The long series of commissions for gardens,
parks and open space received from major private
corporations and some courageous local authori-
ties is indicative both of a crucial change of men-
tality in Italian clientele and of an inevitable meta-
morphosis in the awareness of people who are no
longer indifferent to the places constructed for
their everyday life.

Vodafone a Milano, gli spazi pubblici immaginati e in fase di realizzazione per due nuovi centri Ikea in Italia centro-meridionale, oppure i giardini realizzati per gli uffici centrali dell'Oréal, ci raccontano di una visione del progetto in cui la Natura è studiata e progettata per dare una qualità differente alla vita di tutti i giorni, e, insieme, di come il progetto degli spazi aperti diventi un manifesto di un modo differente di costruire sostenibile e responsabile nelle nostre città.

Il paesaggio, nelle sue diverse scale e varianti, è pensato e costruito come una risorsa attiva per il futuro, la vera, potentissima fonte di rinnovamento di una realtà che cerca disperatamente qualità e bellezza in ogni luogo che abitiamo.

L'azione progettuale diventa così esercizio di ascolto dei luoghi, sensibile atto d'amore per le tracce che ogni territorio ci offre per progettare in maniera diversa e visionaria, come è avvenuto per le conchiglie trovate lungo la spiaggia di Valona e per il colore denso delle sue sabbie che hanno segnato il modo di progettare un nuovo porto per la logistica dei prodotti petroliferi immaginato da Patrizia Pozzi. E il risultato è un luogo inedito, magico nei suoi ritmi, come se le costruzioni a chiocciola danzassero tra di loro intorno alla nuova torre-faro, portando un moto inedito e un'armonia di bianchi e grigi capaci di dialogare con il mare che lambisce questo nuovo intervento.

L'azione di un autore consapevole, tuttavia, non passa unicamente dalla ricerca attenta nel

The recent work for the open spaces (at ground and rooftop level) of the new Vodafone Headquarters in Milan, the public spaces designed and now under construction for two new Ikea stores in central and southern Italy, and the gardens created for the head office of L'Oréal Italia all speak to us both of a vision of design in which nature is studied and shaped to impart a different quality to everyday life and of how the design of open spaces is becoming the banner of a new, sustainable and responsible way to build in our cities.

With all its different scales and variations, the landscape is conceived and constructed as an active resource for the future, an authentic and extremely powerful source of renewal for a reality urgently in need of quality and beauty in every place we inhabit.

Design thus becomes the focusing of attention on places, a sensitive act of love and responsiveness to what every territory can offer us as the basis of a different and visionary approach, as when the shells found on the beach at Valona and the rich colour of the sand informed Patrizia Pozzi's conception of a harbour for the logistics of oil products. The result is an unprecedented place of magical rhythm, as though the small spiral-shaped buildings were dancing together around the new lighthouse tower, bringing new motion and a harmony of whites and greys capable of establishing dialogue with the sea as it washes around the foot of the new complex.

The operations of a fully aware creator do not,

progetto e dall'ascolto dei luoghi, rivelati dall'uso silenzioso di nuove essenze e dal ritmo stagionale dei giardini ripensati. Quello che mi colpisce del lavoro della Pozzi, oltre all'infinita serie di bei paesaggi disegnati con cura e sapienza naturale, è l'attività didattica e ludica con i bambini che sono i cittadini del nostro presente-futuro e che vanno formati riportandoli a una relazione inedita e felice con la Natura dei luoghi.

E così i laboratori con i bambini che ogni volta si accompagnano alla progettazione di elementi minimi, di arredamento dei nostri ambienti esterni, ci racconta della necessità di ricostruire gli sguardi, i sensi e le coscienze dei ragazzi e, insieme, di disegnare oggetti minuti che abbiano la capacità e il potere d'insegnarci a guardare con occhi diversi i luoghi che attraversiamo quotidianamente. E così questi oggetti e le sedute colorate, native nei tratti, giocose nell'approccio s'integrano perfettamente con i giardini e i parchi che Patrizia Pozzi da anni progetta e avvia, sapendo che poi la Natura aiuterà a dare forza e forma a luoghi destinati a vivere molto a lungo allietando la vita delle generazioni che verranno.

Ed è per questo che mi sono augurato di vedere soprattutto i paesaggisti a essere celebrati come i migliori architetti del XXI secolo, perché vorrà dire che, in tutta questa pazzia che è la nostra vita, abbiamo avuto la forza e il coraggio di cambiare rotta e di cercare ancora una volta l'Eden che è dentro ognuno di noi.

however, develop only through careful research in planning and response to the site, as revealed by the silent use of new species of plants and the seasonal rhythms of the redesigned gardens. In addition to the endless series of beautiful landscapes designed with care and natural understanding, what strikes me most about Pozzi's work is the focus on play and educational activities with children, the citizens of our imminent future, who must be brought up so as to establish a new and happy relationship with nature as a key element of places.

The workshops with children that always accompany the design of minimal elements of furnishing for our external environments thus speak to us of the need to revitalize the youngsters' vision, senses and awareness while creating minute objects endowed with the power and ability to teach to how to look at the places we encounter every day through new eyes. And these coloured seats and objects, with their simple lines and playful approach, blend in perfectly with the parks and gardens that Patrizia Pozzi has been designing and starting off for years in the knowledge that nature will then help to give strength and shape to places destined to live for a long time and to spread joy in the lives of generations to come.

And this is why I hope to see landscape architects above all celebrated as the greatest architects of the twenty-first century, as it will mean that in all the madness that is our life, we have had the strength and courage to change course and seek once again the Eden that lies inside all of us.

Al numero 3 di via Frisi a Milano, lungo le vetrine che scorrono sul marciapiede, alti e sottili steli d'erba inquadrano un breve tratto di strada, dal ritmo e colore diversi dal resto della via. Al loro interno proteggono un luogo speciale di produzione e progettazione del paesaggio. Qui si trova il quartier generale delle attività di studio dell'architetto Patrizia Pozzi. Uno spazio al piano terra, con l'affaccio sulla strada da un lato e sul cortile interno dall'altro. Un'officina aperta, un piccolo laboratorio effervescente di idee, in cui ordine e un sottile disordine si mescolano dando vita a un ambiente raffinato e curato nei dettagli, ma al tempo stesso molto confortevole e quasi domestico nel suo essere stato pensato e costruito sulla misura delle persone che lo vivono e che l'hanno vissuto. Il colore predominante è chiaro, quasi neutro, ritmato e frammentato da elementi di colore di origine diversa, dal portaoggetti sul grande tavolo per le riunioni, alla stampa di un collage di progetti, dalla lunga li-

At number 3 Via Frisi, Milan, a short stretch of the street framed by tall, slender stems of grass and differing from the rest in rhythm and colour stands out in the succession of windows along the pavement. Sheltered within is a special place of landscape design and production. This is the headquarters of the architect Patrizia Pozzi, a space on the ground floor with one side looking onto the street and the other onto the internal courtyard. A small but effervescent laboratory of ideas, an open workshop conceived and made to measure for its occupants, where order and subtle disorder mix to create a sophisticated environment combining the utmost attention to detail with almost domestic cosiness. Light and almost neutral, the predominant colour is fragmented and rhythmically organized by different splashes of colour, from the holder on the big conference table to the print of a collage of designs, from the long open bookcase that acts as a partition to the *Margherita* table, from the coloured pens and pencils to

breria aperta che funge da divisorio, al tavolo *Margherita*, alle penne e alle matite colorate, ai tavoli di lavoro. Un ambiente familiare, aperto al dialogo e al confronto, in cui la ricchezza delle singole personalità è posta in risalto da una saggia e coraggiosa guida, che con passione lavora da anni per trasformare la quotidiana realtà in bellezza sofisticata e naturale al tempo stesso.

the desks. A homely environment conducive to dialogue and the exchange of views, where the richness of the individual personalities is set off by a wise and courageous guide passionately engaged for years now in the transmutation of everyday reality into simultaneously sophisticated and natural beauty.

I sopralluoghi per la direzione artistica del verde del Vodafone Village rappresentano utili momenti di confronto con le maestranze.

The on-site inspections for the artistic planning of the Vodafone Village green areas provide useful opportunities to exchange ideas with the workers.

Succede di dimenticarsi a casa l'attrezzatura antinfortunistica e si è così fortunati da trovare scarpe in prestito in cantiere, come in una grande famiglia.

It's like one big family. If you happen to leave your safety gear at home, you probably borrow a pair of shoes on the site.

In cantiere il clima può cambiare drasticamente nell'arco di una giornata. In Albania l'abbigliamento "a cipolla" era una necessità: mattine fredde e umide con vento forte, mezzogiorni con sole a picco, pomeriggi variabili.

The weather can change dramatically on the site in the space of a day. Various layers of clothing were essential in Albania, where it was cold, wet and windy in the morning, sunny at noon and variable in the afternoon.

Si incontrano persone con particolare estro artistico ed è bello lasciare spazio alle partecipazioni improvvisate. Stefano, project manager della Pir, ha disegnato le griglie in ferro delle piccole finestre, rivelandosi un vero artista.

You meet people with particular artistic flair and it is good to leave room for impromptu participation. Stefano, the PIR project manager, revealed genuine artistic talent in designing the iron grilles for the small windows.

Il tracciamento di un parterre, di un corso d'acqua, di una scala, disegnano
sul terreno quadri astratti di particolare bellezza. Nel caso del progetto
di un lago artificiale all'interno del Golf di Bogogno le camere d'aria disposte
con ritmo regolare sulla terra preparata per accogliere il telo di fondo del lago
sono state per qualche giorno quasi un allestimento di land art.

The marking out of a parterre, a canal or a flight of steps on the ground creates
abstract art of particular beauty. In the case of the plans for an artificial lake
at the Bogogno golf club, the inner tubes laid out at regular intervals
on the terrain prepared for the material to cover its bed looked almost like
a work of Land Art for a few days.

Con le budiniere
della nonna abbian
fatto l'allestimento
Che fatica e che so

We set it up with
grandma's cake tin
What a lot of work
and how sunny it v

I sopralluoghi inusuali sono momenti magici, si scopre cosa c'è dietro ai paesaggi, fonte di ispirazione per il concept di progetto. Durante una giornata di cantiere succede di riposarsi guardando il panorama: la vista spettacolare sul lago di una bellissima casa a Stresa, le torri per uffici del Vodafone Village a Milano, il bosco nell'intorno di un parco storico in Brianza.

Unusual site inspections are magical moments opportunities to discover what lies behind the landscape and a source of inspiration of the project concept. During a day on the site, you can take a break and look around: the spectacular view of the lake from a beautiful house in Stresa; the office blocks of the Vodafone Village in Milan; the wood surrounding a historical park in Brianza.

La prima Rassegna
Internazionale del
Paesaggio e del
Giardino di Gardone
Riviera è stata una
bella occasione di
confronto con alcuni
tra i più grandi
paesaggisti
contemporanei.

The first International
Landscape and
Garden Expo at
Gardone Riviera was
a great opportunity to
exchange ideas with
some of the greatest
contemporary
landscape architects.

Mucche fuori da una malga che hanno
tentato di mangiare i miei mobili
in erba sintetica.

Cows outside an Alpine hut that tried
to eat my synthetic grass furniture.

E DEL **GIARDINO**
Prima Edizione
Internazional Meeting of the Landscape and Garden
18 e 19 settembre 2010
G A R D O N E . R I V I E R A
Auditorium in Vittoriale degli Italiani
WWW.IGIARDINIDELBENACO.IT

Angelo Jelmini mi dice "Ti prego smettila!". Ore 3.00, giorno precedente all'inaugurazione del Kitchen Garden. I lavori per gli allestimenti del Fuorisalone proseguono sempre fino a tarda sera!

Angelo Jelmini begs me to stop. It is three in the morning on the eve of the inauguration of Kitchen Garden. Work on setting up the Fuorisalone Design Week events always goes on into the early hours.

natura

abitare

L'importanza della ecosostenibilità e biocompatibilità nei progetti contemporanei è ormai quasi imprescindibile dalla progettazione. È diventato sempre più necessario confrontarsi con le tematiche del risparmio energetico e dell'integrazione nei sistemi costruttivi di soluzioni nuove e all'avanguardia, per proteggere le risorse che ci sono rimaste. Anche il paesaggio e gli spazi dedicati alla natura possono e devono sempre più concorrere alla realizzazione di interventi attenti alle esigenze di un fare architettura consapevole, contemporaneo ed ecosostenibile. Il tema dell'*energy landscape* si confronta con queste nuove misure, provando a dare soluzioni concrete all'integrazione delle nuove tecnologie con spazi confortevoli, vivibili e di elevata qualità ambientale che partecipino anch'essi a fare sistema con il costruito.

Environmental sustainability and bio-compatibility are so important in contemporary projects as to be practically inseparable from the design process. It has become increasingly necessary to address the questions of energy saving and the incorporation of new, avant-garde solutions into building systems in order to protect the surviving resources. The landscape and spaces devoted to nature can and must play their part too in projects responsive to the requirements of fully aware, contemporary and environmentally sustainable architectural practice. The energy landscape is a response to these new yardsticks aimed at providing concrete solutions for the incorporation of new technologies into comfortable, liveable spaces of high environmental quality capable of fitting into the system of constructed areas.

energy
landscape

1

Il complesso di uffici del Vodafone Village di via Lorenteggio progettato dagli architetti Gantes e Morisi a Milano, concepito con criteri di ecosostenibilità tali da aver fruttato una certificazione LEED, sorge in un'area prevalentemente terziaria del capoluogo lombardo. Il progetto, in nuce da anni, si estende per 67.000 metri quadri e ospiterà circa tremila dipendenti dell'azienda. I quattro edifici seguono un andamento organico di forma ellittica, attorno al quale si snodano le tre aree verdi a disposizione dei dipendenti.

Gli spazi aperti sono parte integrante dei criteri di ecosostenibilità secondo i quali il complesso è stato costruito e partecipano alla certificazione LEED (Leadership in Energy and Environmental Design), uno standard applicato in oltre cento Paesi nel mondo, sviluppato dall'U.S. Green Building Council (USGBC), associazione no profit che promuove e fornisce un approccio globale alla sostenibilità.

The new Vodafone Village office complex on Via Lorenteggio has been designed by architects Gantes and Morisi in Milan on criteria of environmental sustainability, as attested by its LEED certificate, and located in an area of Milan primarily devoted to the tertiary sector. The project, in gestation for years, extends over 67,000 square metres and will accommodate about 3,000 company employees in four buildings organically arranged in an ellipse with three adjoining green areas.

The open spaces fully reflect the criteria of environmental sustainability on which the complex was constructed and play an integral part in securing its LEED (Leadership in Energy Environmental Design) certification. Applied in over 100 countries throughout the world, this standard is developed by the U.S. Green Building Council (USGBC), a non-profit association that promotes and provides a global approach to sustainability.

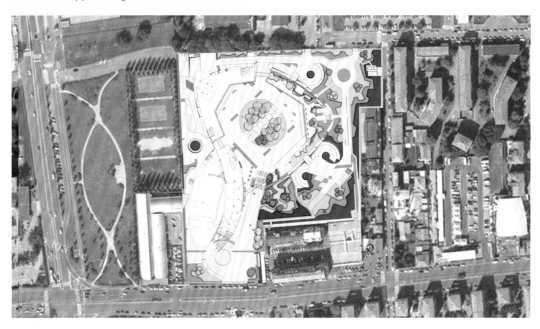

Sezione longitudinale
Longitudinal section

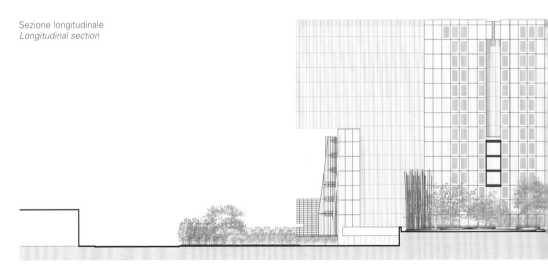

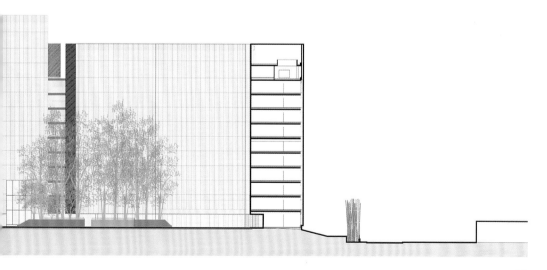

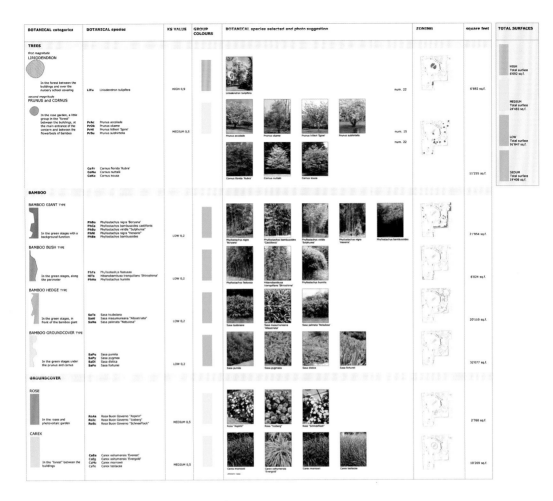

BOTANICAL categories	BOTANICAL species	KS VALUE	GROUP COLOURS	BOTANICAL species selected and photo suggestion	ZONING	square feet	TOTAL SURFACES
TREES							
first magnitude **LIRIODENDRON** — In the forest between the buildings and over the nursery school covering	LiTu Liriodendron tulipifera	HIGH 0,9		Liriodendron tulipifera	num. 22	6'692 sq.f.	**HIGH** Total surface 6'692 sq.f.
second magnitude **PRUNUS and CORNUS** — In the rose garden, a little group in the "forest" between the buildings, at the main entrance of the centern and between the flowerbeds of bamboo	PrAc Prunus accolade PrOk Prunus okame PrHi Prunus hillieri 'Spire' PrSu Prunus subhirtella	MEDIUM 0,5		Prunus accolade / Prunus okame / Prunus hillieri 'Spire' / Prunus subhirtella	num. 15 num. 22		**MEDIUM** Total surface 24'483 sq.f.
	CoFr Cornus florida 'Rubra' CoNu Cornus nuttalii CoKo Cornus kousa			Cornus florida 'Rubra' / Cornus nuttalii / Cornus kousa		11'255 sq.f.	**LOW** Total surface 91'847 sq.f.
BAMBOO							
BAMBOO GIANT type — In the green stages with a background function	PhBo Phyllostachys nigra 'Boryana' PhCa Phyllostachys bambusoides castillonis PhSu Phyllostachys viridis 'Sulphurea' PhNi Phyllostachys nigra 'Henonis' PhBa Phyllostachys bambusoides	LOW 0,2		Phyllostachys nigra 'Boryana' / Phyllostachys bambusoides 'Castilloni' / Phyllostachys viridis 'Sulphurea' / Phyllostachys nigra 'Henonis' / Phyllostachys bambusoides		21'954 sq.f.	**SEDUM** Total surface 19'408 sq.f.
BAMBOO BUSH type — In the green stages, along the perimeter	FhFa Phyllostachys fastuosa HiTs Hibanobambusa tranquilans 'Shiroshima' PhHu Phyllostachys humilis	LOW 0,2		Phyllostachys fastuosa / Hibanobambusa tranquilans 'Shiroshima' / Phyllostachys humilis		6'024 sq.f.	
BAMBOO HEDGE type — In the green stages, in front of the bamboo giant	SaTs Sasa tsuboiana SaAl Sasa masumuneana 'Albostriata' SaNe Sasa palmata 'Nebulosa'	LOW 0,2		Sasa tsuboiana / Sasa masumuneana 'Albostriata' / Sasa palmata 'Nebulosa'		20'110 sq.f.	
BAMBOO GROUNDCOVER type — In the green stages under the prunus and cornus	SaPu Sasa pumila SaPy Sasa pygmea SaDi Sasa distica SaFo Sasa fortunei	LOW 0,2		Sasa pumila / Sasa pygmea / Sasa distica / Sasa fortunei		32'077 sq.f.	
GROUNDCOVER							
ROSE — In the roses and photovoltaic garden	RoAs Rosa Buon Governo "Asprin" RoIc Rosa Buon Governo "Iceberg" RoSc Rosa Buon Governo "SchneeFlock"	MEDIUM 0,5		Rosa "Asprin" / Rosa "Iceberg" / Rosa "SchneeFlock"		2'760 sq.f.	
CAREX — In the "forest" between the buildings	CaEe Carex oshymensis 'Everest' CaEg Carex oshymensis 'Evergold' CaMo Carex morrowii CaTe Carex testacea	MEDIUM 0,5		Carex morrowii / Carex oshymensis 'Evergold' / Carex morrowii / Carex testacea		10'269 sq.f.	

La selezione delle specie botaniche e la tipologia dell'impianto di irrigazione sono state pensate nell'ottica della sostenibilità e del risparmio energetico. Scelte estetiche e scelte tecniche hanno determinato una selezione di varietà di bambù dal cromatismo e dal portamento particolari: quinte di bambù si alternano a gruppi di alberi di terza grandezza e a gruppi di rose. Ciascuna specie è stata valutata secondo le tabelle *Wucols*, che consentono di determinare le quantità di acqua necessaria alla corretta irrigazione, in modo da tenere sotto controllo i consumi.

The botanical species and type of irrigation system were selected with a view to sustainability and energy saving. On both aesthetic and technical grounds, it was decided to opt for a variety of bamboo with particular colouring and qualities, planted in waves to alternate with clusters of medium-height trees and rose bushes. Each species was assessed on the basis of the WUCOLS list, which makes it possible to determine the amounts of water required for correct irrigation and thus minimize consumption.

Materiali di progetto che
concorrono alla
certificazione Leed: finiture
cementizie che trattengono
le polveri sottili, pannelli
fotovoltaici, selezione di
specie bambù
*Elements involved in
securing LEED certification:
concrete fixtures to trap
particulates, photovoltaic
panels and the selection
of species of bamboo*

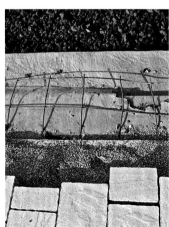

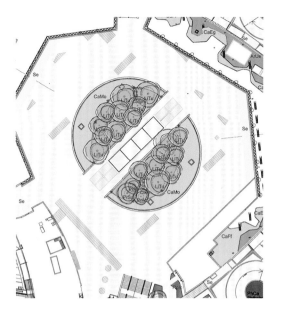

Nucleo dell'intervento è il bosco nella piazza tra gli edifici, uno spazio circolare sopraelevato che accoglie alte alberature di *Lidiodendron tulipifera*, tra un sottobosco di felci e bulbacee da fiore e di *Prunus*. Lo studio delle essenze è stato calcolato per dare effetti cromatici differenti a seconda dell'alternarsi delle stagioni nel rispetto della certificazione LEED. Una scarpata leggera, rivestita di tappezzante sempreverde, raccorda con la quota della piazza e termina con una panca circolare che individua e marca il perimetro dello spazio verde, arricchito al suo interno da una vegetazione di *Prunus*. Il passaggio centrale, che taglia di fatto il bosco in due emisferi, presenta lungo la pavimentazione dei giochi d'acqua, che suggellano la destinazione di questo spazio ad area relax.

The nucleus is a grove of tall tulip trees (*Lidiodendron tulipifera*) and *Prunus* fruit trees with an undergrowth of ferns and bulbous flowering plants located on a raised circular space in the centre of the complex. The species are selected so as to produce varying effects of colour with the changing of the seasons according to the LEED certification. A gentle slope planted with evergreen ground cover runs down to the level of the square and ends in a circular bench that marks the boundary of the green space. Fountains are situated alongside the paving of the central path, which divides the grove into two semicircular sections, in keeping with the nature of the area as a place for relaxation.

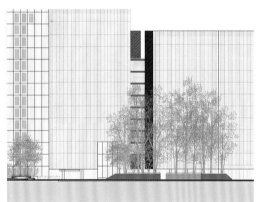

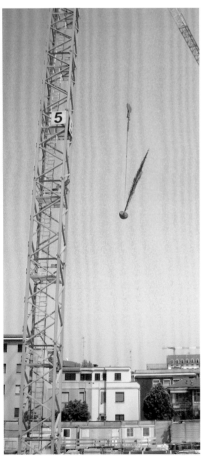

Piantumazione degli alberi del bosco. Al di sotto dello strato superficiale di terra di coltura è stato usato lapillo vulcanico, che garantisce la corretta ritenzione idrica
Planting the grove of trees. Volcanic lapilli were used beneath the top layer of soil so as to ensure adequate retention of water

Il giardino delle Rose, luogo raccolto accessibile dalla piazza centrale tra gli edifici, è suddiviso in quinte verdi dalla forma organica, delimitate da lamine curve color acciaio. All'interno delle quinte, bambù di diverse specie e diverse altezze si ergono tra macchie fiorite di rose ricadenti e piccoli gruppi di *Prunus*, che stabiliscono un *continuum* visivo col bosco centrale. Tra le quinte, delle panche d'acciaio consentono la sosta e il relax.

The secluded space of the rose garden, which is accessible from the central square in the middle of the buildings, is divided into green segments of an organic shape by curved, steel-coloured walls. Inside them, clumps of bamboo of various species stand at different heights between beds of trailing roses and small groups of *Prunus* fruit trees, which establish visual continuity with the central grove. There are steel benches between the segments to sit and relax.

Selezione di rose: *Aspirin*,
Iceberg, Schneeflock
Selection of roses: Aspirin,
Iceberg *and* Schneeflocke

I bambù di progetto
The bamboo used in the project

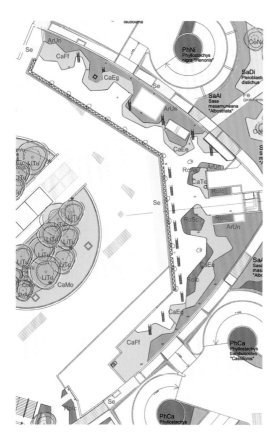

Tra gli impianti fotovoltaici presenti sul tetto di uno degli edifici più alti del complesso, l'intera superficie è stata destinata a giardino, con l'intento di poter godere dello spazio e della vista che esso offre, senza rinunciare alla finalità ecosostenibile. Chiuso da alte vetrate che riparano dal vento, il giardino fotovoltaico presenta anch'esso un andamento organico, che si sviluppa attorno ai pilastri d'imposta degli impianti. Un parterre di carex in varietà ospita macchie di rose ricadenti e onde di corbezzoli, alternando ai piedi delle strutture della panche circolari in acciaio.

Among the photovoltaic systems installed on the roof of one of the taller buildings of the complex, the whole area is set aside for a garden, thus making it possible to enjoy the space and the view with no sacrifice of environmentally sustainable aims. Enclosed by tall sheets of glass that offer protection from the wind, the roof garden again has an organic layout developed around the pillars supporting the photovoltaic systems. Beds of trailing roses and waves of Arbutus alternate around circular steel benches in a parterre with sedges as ground cover.

Selezione di carex /
*Selection of sedges (*Carex*):*
Morrowii "Fisher's Form",
Evergold, Everest

Golf Club Bogogno "La Foresteria"

"La Foresteria" Bogogno Golf Club

Il progetto paesaggistico si inserisce nel contesto del Golf Club di Bogogno, con due percorsi da diciotto buche Par 72, e annessa club house, progettato dall'architetto Robert Von Hagge, e ne riprende le caratteristiche di ecocompatibilità e i materiali naturali.

Il Golf Club di Bogogno, sulle colline novaresi, combina l'ospitalità e la componente sportiva con la grande qualità naturalistica del luogo, caratterizzato da prati, boschi, sentieri e zone d'acqua.

Tutto l'intervento è a basso impatto ambientale; il progetto si è occupato dei viali d'accesso alberati, dell'area d'ingresso, degli esterni del nuovo albergo, della "Foresteria", e del masterplan dell'area verde, che comprende una piscina, organizzata su diversi livelli, e un lago che si articola tra l'area del Golf, il paesaggio naturale e le proprietà private limitrofe.

This landscape project takes up the environmentally compatible characteristics and natural materials of its setting in the Bogogno Golf Club, which has two 18-hole, par 72 courses and a club house designed by the architect Robert Von Hagge.

Located in the hills of Novara, the Bogogno Golf Club offers hospitality and sport in an area of great natural beauty with meadows, woodland, nature trails and lakes.

The entire project is characterized by low environmental impact and regards the tree-lined avenues of access, the entrance area, the exteriors of the new Foresteria Hotel and the master plan for a green area including a multi-level swimming pool and a lake that stretches between the golf courses, the natural countryside and the neighbouring private properties.

1 Palestra e ristoro
2 Relax (sauna)
3 Spa
4 Piscine
5 Piscina per nuotare
6 Piscina/lago
7 Club house ragazzi
8 Tennis
9 Calcetto
10 Club house esistente
11 Foresteria

L'edificio della "Foresteria" è ecosostenibile, con certificazione energetica in classe A, realizzato principalmente in legno e vetro, con una tecnica costruttiva a secco che consente notevoli risparmi idrici in fase di realizzazione. L'edificio affaccia sulla piscina e sulla buca 18 del Golf; nell'ottica complessiva del progetto, che mira alla naturalezza degli spazi, la mitigazione paesaggistica – che avviene attraverso un bosco di betulle il quale riprende il bosco esistente della Foresteria – assume una grande importanza; le scelte cromatiche della facciata e dell'ingresso dell'edificio sono state realizzate in relazione al contesto paesaggistico.

The hotel structure, which is environmentally sustainable with a class A energy certificate, was built primarily of wood and glass by means of a dry technique making it possible to use far less water during construction. The building looks onto the swimming pool and the 18th hole of the course. Within the overall perspective of the project, which focuses on a natural appearance, great importance attaches to blending the hotel into the landscape, which is achieved by means of birch trees to establish links with the existing woodland and the selection of colours for the façade and entrance of the building to fit in with the natural setting.

Dettagli dell'involucro
edilizio. Andrea Carluccio,
Patrizia Pozzi e "il capo",
Renato Veronesi
*Details of building shell.
Andrea Carluccio, Patrizia
Pozzi and "the boss"
Renato Veronesi*

La "Foresteria" offre agli ospiti un tetto-giardino praticabile, indispensabile all'edificio per incrementare l'inerzia termica e ridurre le dispersioni termiche; questo giardino pensile, attrezzato con idromassaggio, solarium e lounge bar, gode di un'ottima vista sulle montagne dei dintorni; riprende concettualmente il disegno del campo da golf, in modo da offrire un ambiente armonico, ed è caratterizzato da aree verdi a prato sintetico per il putting green e macchie di graminacee, intervallate da un camminamento che segue un andamento a onde morbide, realizzato in doghe di legno.

The Foresteria Hotel has a roof garden for guests that also serves to increase the building's heat capacity and reduce heat loss. Equipped with hydro massage, solarium and lounge bar facilities, this garden offers a splendid view of the surrounding mountains and conceptually echoes the layout of the golf course so as to create a harmonious environment. It is characterized by areas of synthetic lawn for the putting green with small shrubs and a gently winding pathway of wooden boards.

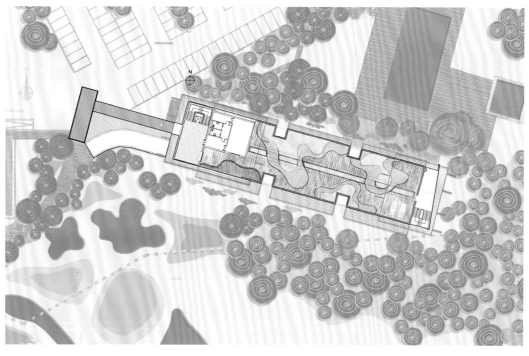

Di fronte a questo edificio si trova la piazza d'ingresso che funge da filtro tra il parcheggio, il complesso residenziale e il campo da golf, verso cui si aprono suggestivi coni prospettici.

La piazza è improntata alla bioarchitettura; vi si può sostare su panche inclinate ricavate da tronchi d'albero, che accolgono gli alberi presenti nell'area in fioriere in corten. La pavimentazione, il cui disegno è definito dai giunti a terra, è in cemento a vista lisciato.

The forecourt in front of the building acts as a filter between the parking area, the residential complex and the golf course, attractive glimpses of which can be seen.

The forecourt is bio-architecturally designed and equipped with planters of weathering steel and tilted benches made from the trunks of trees in the surrounding area. The paving is of smooth exposed concrete with a pattern defined by the joints.

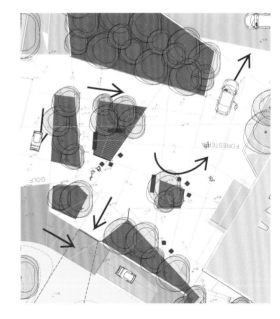

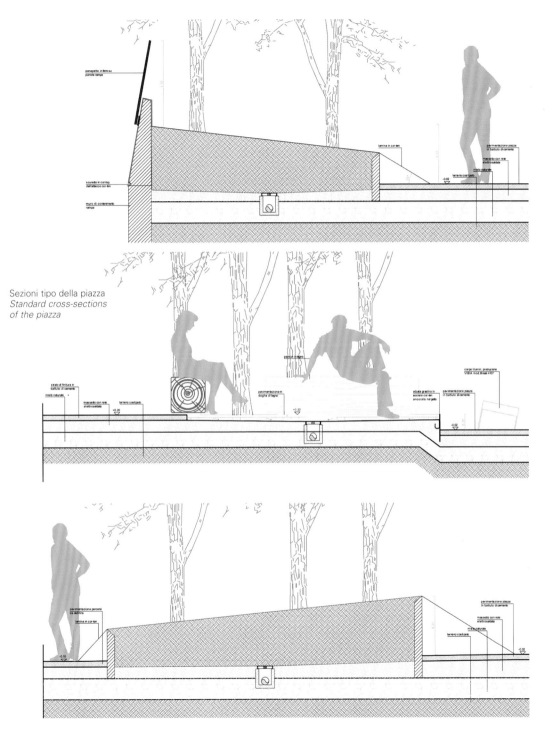

Sezioni tipo della piazza
*Standard cross-sections
of the piazza*

Gli elementi del paesaggio sono spesso fonte di ispirazione per il progetto di spazi costruiti e abitati. L'ascolto del luogo, la sua interpretazione, la necessità di rispondere a esigenze contemporanee di sostenibilità e l'importanza del legame con il territorio per mantenere forte un senso identitario, sono tutti elementi necessari che concorrono a rendere un progetto di architettura e paesaggio un terreno fertile per l'innovazione e la sperimentazione. Spesso le nuove tecnologie ci mettono a confronto anche con luoghi che restano avulsi dall'integrarsi con il contesto e ciò che li circonda. Il progetto alle diverse scale ha il compito di avvicinare i nuovi brani di costruito contemporaneo alla natura e al paesaggio in cui sono inseriti, offrendo interpretazioni nuove e sperimentali e soluzioni integrate al contesto.

The elements of the landscape are often a source of inspiration for the design of constructed and inhabited spaces. Understanding and interpreting the site, the need to meet contemporary requirements of sustainability, and the importance of territorial bonds in order to maintain a strong sense of identity, these are all essential elements that help to make a project of architecture and landscape a fertile terrain for innovation and experimentation. The new technologies often bring us up against places that resist integration into their context and what is all around them. It is the task of the design process at its different scales to bring the new items of contemporary construction into line with the natural environment and landscape in which they are embedded by offering new, experimental interpretations and solutions geared to the context.

abitare la natura

inhabiting nature

2

Landscape per un nuovo porto in Albania

Landscape for a new harbour in Albania

Un grande intervento di riqualificazione ambientale ha caratterizzato dal 2007 la zona costiera di Valona, Albania, a seguito del recupero degli ex stabilimenti di soda caustica cinesi da parte della PIR, società leader nella logistica portuale che da sempre sostiene concretamente il gusto del bello nella cultura aziendale. Caratterizzato dal più elevato standard in termini di sicurezza e tutela dell'ambiente, il nuovo terminal costiero per il transito di gpl e prodotti petroliferi colma un vuoto nel sistema logistico albanese e copre la richiesta dei mercati del Montenegro, della Grecia settentrionale, del Kosovo e della Macedonia.

Alla base dell'idea progettuale, una lunga e attenta osservazione del territorio e di ciò che lo caratterizza: il forte vento, che ricopre di sabbia le conchiglie sulla spiaggia, che fa correre le nubi e piega i pini d'Aleppo e le tamerici secondo la sua direzione.

A major project of environmental redevelopment began in 2007 on the coastal area of Valona, Albania, after conversion of the old Chinese caustic soda plants by PIR, a leading company in harbour logistics that has always lent concrete support to the taste for beauty in business culture. Characterized by the highest standards in terms of safety and protection of the environment, the new terminal handling liquefied petroleum gas and petroleum products fills a gap in the Albanian logistic system and meets the requirements of the markets in Montenegro, northern Greece, Kosovo and Macedonia.

Aimed primarily at harmony and a symbiotic relationship with the surrounding countryside, the project involves a variety of professional skills and is based on long and careful observation of the territory and its primary characteristic, namely the strong wind that covers the shells on the beach with sand, drives the clouds across the sky, and causes the Aleppo pines and tamarisks to bend in its prevailing direction.

Il progetto del terminal ha previsto, oltre alla realizzazione del deposito, fondamentali strutture a esso connesse: un molo con dighe e pontili in grado di accogliere navi di grossa taglia, il collegamento con le infrastrutture stradali e ferroviarie esistenti, parcheggi, una torre faro d'avvistamento alta oltre i 35 metri per favorirne la visibilità da più punti e infine una foresteria e residenze per i dipendenti.

The terminal construction project includes not only the storage facility but also various crucial structures connected with it: a jetty with docks and wharves capable of accommodating large ships, links with existing road and railway infrastructures, parking lots, a lighthouse tower over 35 metres tall to ensure a broad radius of visibility, and finally guest accommodation and housing for employees.

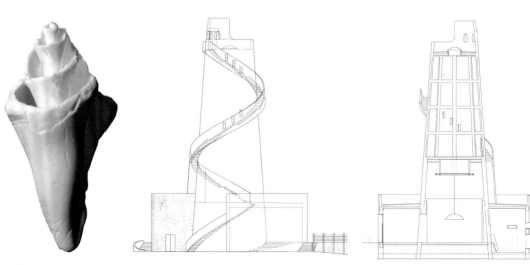

Le conchiglie trovate durante il lungo sopralluogo hanno determinato la forma delle residenze e della torre faro, che ospita sale convegni, sale mostre e un belvedere. La scelta dei materiali, intenzionalmente legati alla natura del luogo, è stata oculata: inerti locali, legno, sabbia, acqua.

Alla base di tutto l'intervento sta il colore bianco: esso compendia la matericità dei colori della terra e caratterizza interamente la torre faro e i silos, rendendoli così visibile anche a lunga distanza.

The shells found during the long on-site inspection provided inspiration for the shape of the residential facilities and the lighthouse tower, which also houses rooms for conferences and exhibitions as well as a panoramic vantage point. Shrewdly chosen to reflect the nature of the site, the materials include local aggregates, wood, sand and water.

While the natural hues of the location are taken up, the predominant colour is white, which also ensures the visibility of the tower and the silos from great distances.

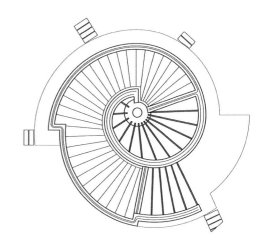

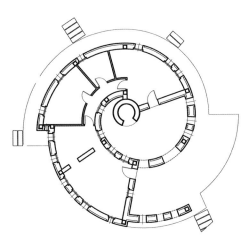

Orientati a seconda dell'esposizione solare, gli alloggi si sviluppano attorno a un nucleo centrale, il camino, per poi aprirsi gradualmente verso il paesaggio attraverso un patio semiaperto. Le quote d'imposta sul terreno sono per scelta progettuale tutte diverse, al fine di richiamare la posizione naturale delle conchiglie sulla spiaggia.

Oriented on the basis of exposure to sunlight, the accommodation units develop around the central nucleus of the fireplace and open up gradually towards the exterior through a half-open patio. They are deliberately built at different levels on the site to echo the natural scattering of shells on the beach.

Diverse sono state le professionalità coinvolte per questo progetto, il cui scopo principale è l'armonia e la simbiosi con la natura circostante.

Aimed primarily at establishing harmony and symbiosis with the surrounding countryside, the project involved a range of different skills.

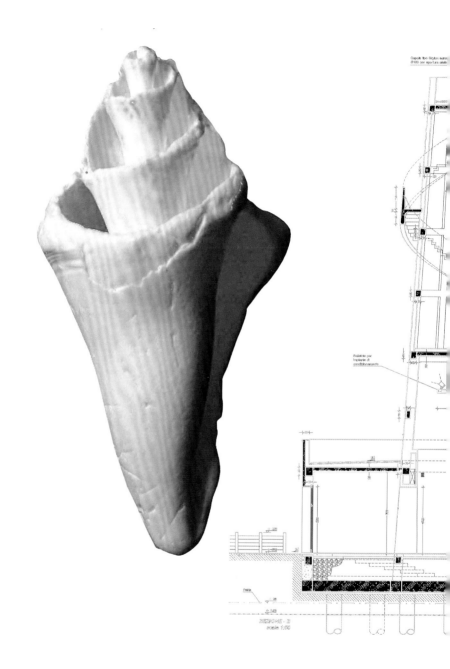

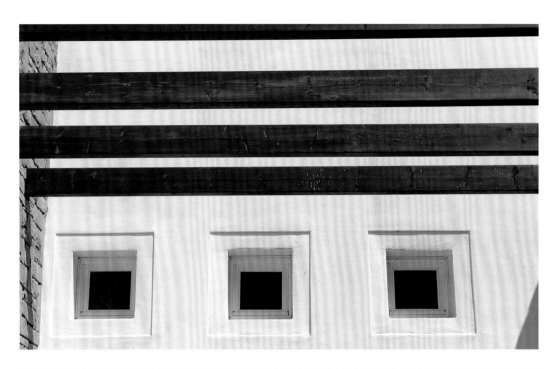

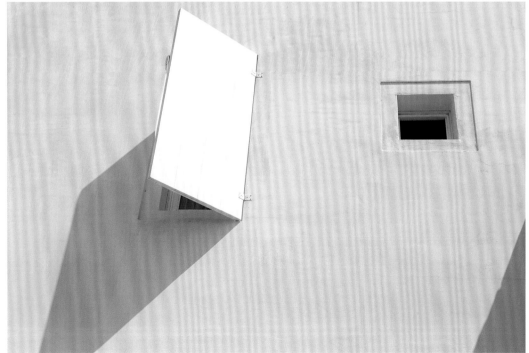

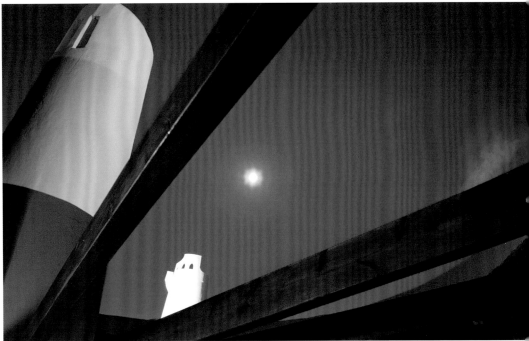

La natura ha infine dato il suo silente contributo, riprendendosi i propri luoghi al termine del cantiere: la sabbia, guidata dal forte vento, ha ricoperto le architetture e le rocce circostanti, fondendole in un unico, armonico scenario.

Finally, nature made its own silent contribution by taking over again on completion. Blown by the strong wind, sand has covered the buildings and surrounding rocks and blended them into a single harmonious setting.

Nidi d'uomo
Evento Fuorisalone del Mobile

Nests for Humans
Event in conjunction with the "Fuori Salone" Design Week

In occasione del Fuorisalone, Milano ha ospitato presso il Vivaio Ingegnoli i *Nidi d'uomo*, microhabitat naturali che invitano a vivere come uccelli, posti nel cuore della città; in luoghi accoglienti, immersi nel Giardino Ingegnoli, invitano il cittadino a tornare a porsi nuovamente in relazione con il mondo naturale.

Grandi nidi, realizzati in legno di salice intrecciato, accolgono i visitatori in un paesaggio straordinario, popolato da pinguini giganti realizzati in mosaico riciclato (in omaggio alla Cracking Art) e insolite serre, a forma di enormi uova, costituiscono salotti urbani in cui sostare, rilassarsi e mangiare.

Questo esperimento si è proposto come un invito a riflettere sul vivere ecocompatibile, sul favorire un dialogo e sullo stimolare un rapporto intenso tra noi e la natura, troppo poco presente nelle nostre città.

One of the outdoor events held in Milan to accompany the Fuorisalone was *Nidi d'uomo* [Nests for Humans] at the Vivaio Ingegnoli, cosy, natural micro-habitats set up in the Ingegnoli Park in the very heart of the city that offer citizens the chance to live like birds and develop new relations with the world of nature.

Huge nests of interwoven willow rods greet visitors in an extraordinary landscape inhabited by giant penguins of recycled mosaic (a reference to the Cracking Art Group) and unusual conservatories shaped like huge eggs constituting urban centres to sit and relax or have something to eat.

A experiment designed to make people think about an environmentally compatible way of life, foster dialogue, and stimulate an intense relationship between us and nature, which has too little space in our cities.

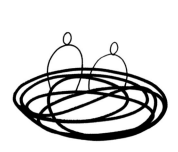

Ingresso del Vivaio
Ingegnoli: un pinguino
gigante ispirato alla
Cracking Art accoglie
i visitatori
*Entrance to the Ingegnoli
nursery, where a giant
penguin inspired by
Cracking Art welcomes
visitors*

Serre nido come ambienti
domestici: cucina, salotto
*Greenhouse-nests as
domestic environments:
kitchen and living room*

Patrizia Pozzi paesaggista
in collaborazion
Alfonso Montefusco (Fe

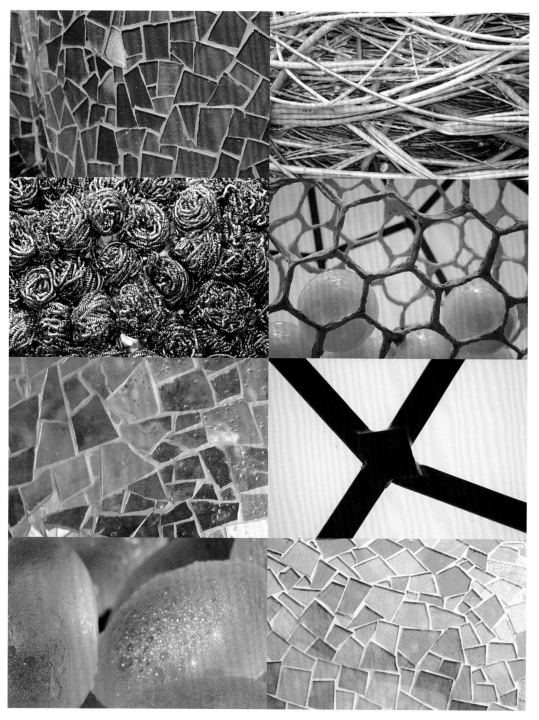

Mosaici colorati, rami
di salice intrecciato e altri
materiali di progetto
Coloured mosaics,
interwoven willow rods
and other project materials

Serre uovo della Casma
Involucri Edilizi
Egg greenhouses by
Casma Involucri Edilizi

Il cook designer Montefusco
nel nido cucina
The cook designer Montefusco
in the kitchen nest

La ricerca formale, estetica, funzionale degli elementi del paesaggio è sempre più attenta alle nuove dinamiche di approccio allo spazio pubblico e alla vita quotidiana di coloro che vivono gli spazi naturali e aperti. Inventare nuove modalità di intervenire in un contesto, nuovo oppure già esistente, ascoltando e valorizzando gli elementi che lo circondano e di cui la natura e il paesaggio stessi sono formati, che siano costruiti oppure naturali, dà vita a linguaggi e forme nuove che stimolano la creatività del progettista e invitano chi vive questi spazi a una nuova chiave di conoscenza. Le *Orme vegetali*, il *Baby Green*, lo *Sculpting*, il *Wallscape*, il *Taglia-cuci* e *Riflettendo* sono semplici e intuitivi approcci a un nuovo modo di pensare al progetto del paesaggio in cui la natura sta al centro in un dialogo aperto con ciò che la circonda e la vive.

The formal, aesthetic, functional study of the elements of the landscape is increasingly attentive to the new dynamics of the approach to public space and to the everyday life of those inhabiting natural, open areas. Inventing new ways of acting upon a context that is itself new rather than pre-existing, observing and appraising the elements that surround it and that make up the natural environment and the landscape themselves, both natural and constructed: this approach gives birth to new vocabulary and forms that stimulate the architect's creativity and offer a new type of awareness to those occupying these spaces. *Orme vegetali* [Plant Imprints], *Baby Green*, *Sculpting*, *Wallscape*, *Taglia e cuci* [Cut & Paste] and *Riflettendo* [Reflection] are simple and intuitive approaches to a new conception of landscape architecture in which nature occupies the central position in an open dialogue with what surrounds and inhabits it.

nuove tendenze

new trends

3

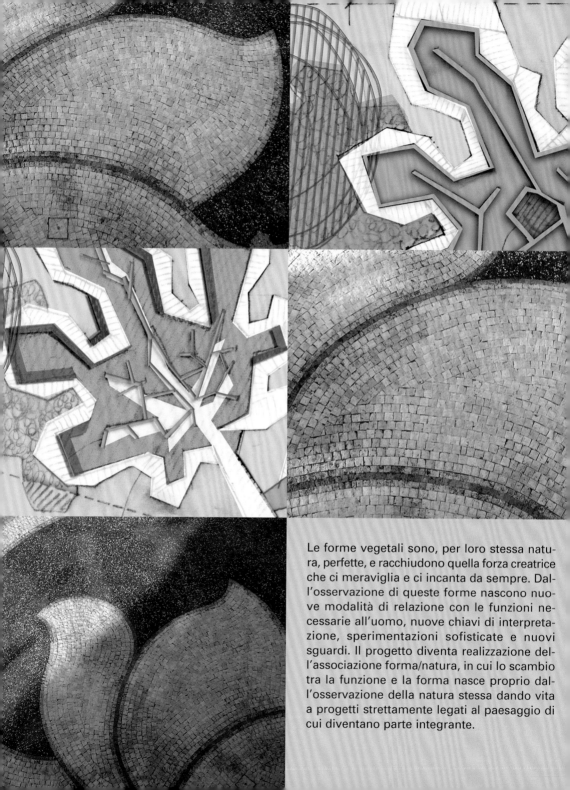

Le forme vegetali sono, per loro stessa natura, perfette, e racchiudono quella forza creatrice che ci meraviglia e ci incanta da sempre. Dall'osservazione di queste forme nascono nuove modalità di relazione con le funzioni necessarie all'uomo, nuove chiavi di interpretazione, sperimentazioni sofisticate e nuovi sguardi. Il progetto diventa realizzazione dell'associazione forma/natura, in cui lo scambio tra la funzione e la forma nasce proprio dall'osservazione della natura stessa dando vita a progetti strettamente legati al paesaggio di cui diventano parte integrante.

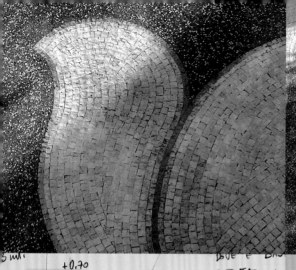

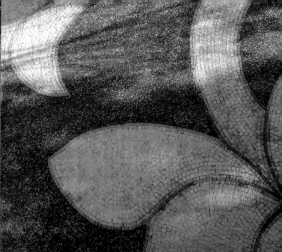

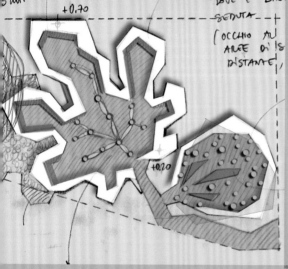

ORME E FORME VEGETALI
PLANT IMPRINTS AND FORMS

Perfect by their very nature, the forms of plants encapsulate the creative force that has always amazed and enchanted us. Observation of these forms gives rise to new ways of addressing the functions necessary to human beings, to new interpretations, sophisticated experiments and new visions. Design becomes embodiment of the association of form and nature in which the interchange between function and form arises precisely out of the observation of nature itself, thus giving birth to projects so closely linked to the landscape as to become an integral part of it.

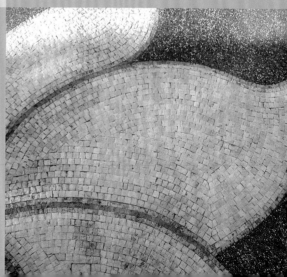

Nuovo Ikea Store Catania "il fico"

New Ikea Store Catania "il fico"

Il nuovo centro Ikea di Catania progettato dallo studio Morasso si inserisce dolcemente nel paesaggio grazie all'utilizzo delle essenze locali per il progetto di landscape.

La foglia del fico, pianta comune nell'area di Catania, diviene una matrice in macroscala: è l'elemento che caratterizza e scandisce le aree del gioco, d'ingresso e delle attività.

Nell'area bambini, la foglia e il frutto del fico sono realizzati in gomma antitrauma e segnano la pavimentazione con decisione. L'area gioco presenta un intervento a diverse altezze: una seduta evidenzia il perimetro e le coperture, sempre sagomate a foglia, proteggono i bambini dal sole creando una suggestiva foresta in cui giocare.

Nelle altre aree l'orma del fico a terra è in asfalto colorato ed evidenzia l'ingresso e il giardino mediterraneo, dove sono presenti differenti essenze siciliane.

The new Ikea store in Catania planned by studio Morasso blends harmoniously into its surroundings thanks to the use of local plant species in the landscaping design.

The leaf of the fig tree, a common plant in the region of Catania, becomes a macro-scale matrix as the element characterizing and shaping the areas for play, access and activities.

Fig and fig leaves of anti-shock rubber are the hallmark of the floor in the children's play area, which is laid out at different levels with seating to mark the perimeter and leaf-shaped roofing to protect the children from the sun and create an enchanting woodland setting for their games.

Elsewhere, the fig tree leaves its imprint on the ground in coloured asphalt and highlights the entrance and the Mediterranean garden, which includes various species of Sicilian plants.

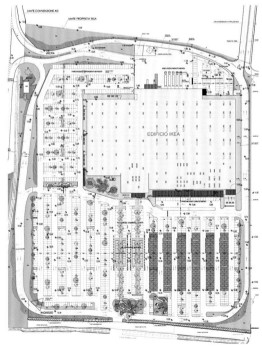

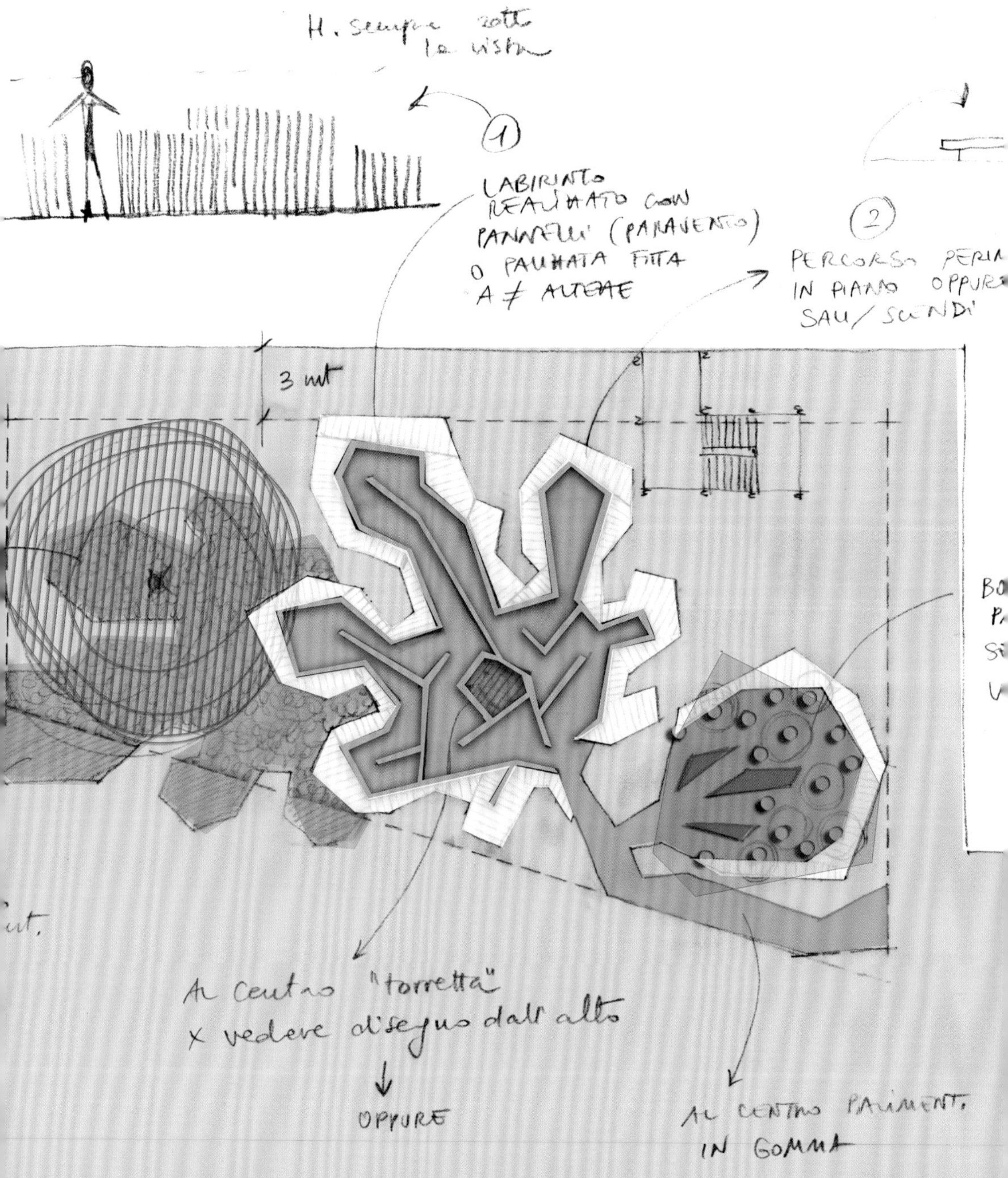

H. sempre sotto
la vista

①

LABIRINTO
REALIZZATO CON
PANNELLI (PARAVENTO)
O PALIZZATA FITTA
A ≠ ALTEZZE

②

PERCORSO PERIM___
IN PIANO OPPURE
SALI / SCENDI

3 mt

BO___
PA___
SI___
V

Al centro "torretta"
x vedere disegno dall'alto

↓

OPPURE

Al centro PAVIMENT.
IN GOMMA

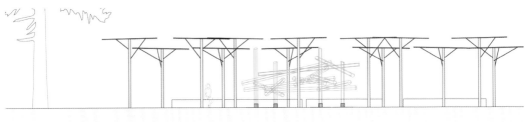

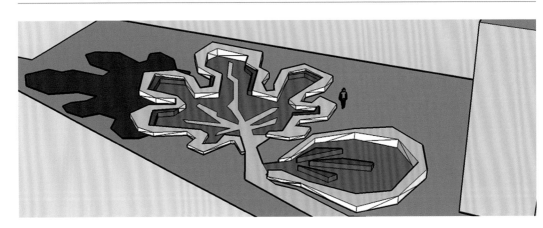

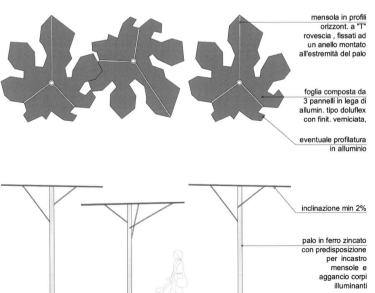

mensola in profili
orizzont. a "T"
rovescia , fissati ad
un anello montato
all'estremità del palo

foglia composta da
3 pannelli in lega di
allumin. tipo doluflex
con finit. verniciata,

eventuale profilatura
in alluminio

inclinazione min 2%

palo in ferro zincato
con predisposizione
per incastro
mensole e
aggancio corpi
illuminanti

L'area gioco presenta
un intervento a diverse
altezze: una seduta
evidenzia il perimetro
e le coperture, sempre
sagomate a foglia,
proteggono i bambini
dal sole e creano una
suggestiva foresta
in cui giocare
*The playground involved
work at different levels,
with seating to mark
the perimeter while
leaf-shaped roofing
protects the children
from the sun and creates
an enchanting woodland
setting for their games*

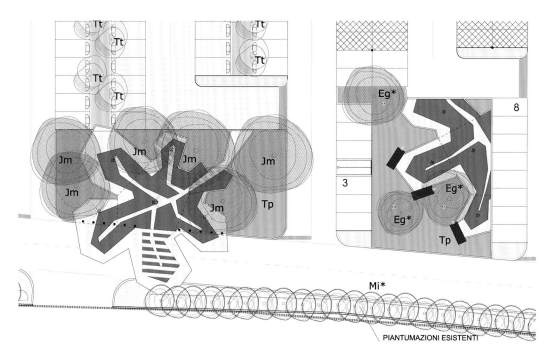

Giardino mediterraneo
Mediterranean garden

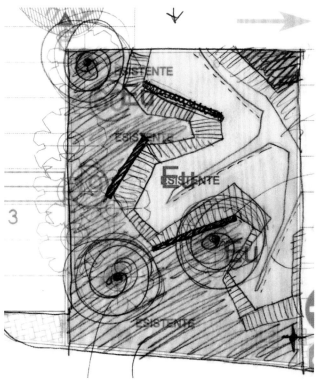

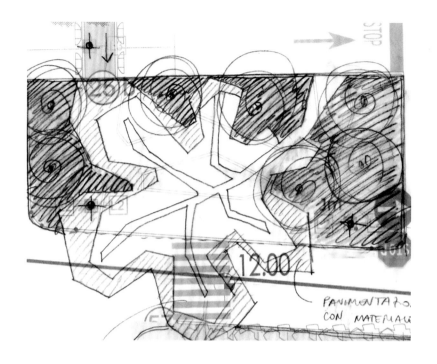

Recupero di un parco storico "il giglio"

Refurbishment of a historical park "il giglio"

Il fiore macro, archetipo d'ispirazione barocca rivisitato in chiave contemporanea, configura la pavimentazione del parco di questa villa storica. Il giglio, realizzato in tessere di mosaico di grosse dimensioni, di due tonalità differenti, crea visuali prospettiche e suggestivi paesaggi orizzontali, come un parterre barocco si contrappone al classico giardino all'italiana.

The macro flower, an archetype of Baroque inspiration taken up with a contemporary slant, shapes the paving of the grounds of this historical villa. The lily, a mosaic of large squares in two different colours, creates visual perspectives and evocative horizontal landscapes. The Baroque parterre offers a marked contrast to the classic Italian-style garden.

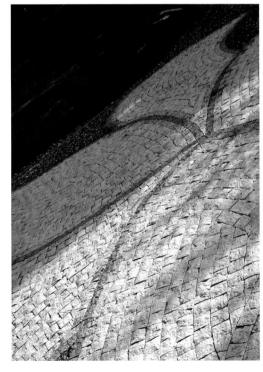

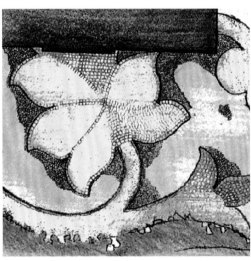

Il parterre floreale
The floral parterre

114

Nuovo complesso residenziale
I giardini sospesi
"l'acero"

New residential complex
I giardini sospesi
"l'acero"

Fim Group Real Estate si avvale dell'esperienza del-l'architetto Pozzi per rivalutare l'ex area industriale dell'SKF a Varese e concepire residenze ad alto livello tecnologico e ambientale, sintesi fra la scelta di tecnologie all'avanguardia, con particolare riferimento all'isolamento termico e all'impiego di avanzate soluzioni impiantistiche, quali lo sfruttamento della geotermia con sonde verticali per il riscaldamento e il raffrescamento. In questo intervento paesaggio e architettura rivestono un ruolo paritetico, fondendosi con eleganza e armonia. Tre edifici, progettati dallo studio Capelli Architettura & Associati, disposti attorno a un ampio giardino centrale, sono immersi in un sistema verde che ha come protagonista la foglia d'acero, declinata con materiali e funzionalità differenti a seconda dello scopo che riveste. Tale sistema si snoda all'interno di un bosco di betulle che incornicia il paesaggio montuoso circostante. La parte centrale del giardino, dal parterre ligneo, è vivacizzata da una vasca d'acqua di forma trapezoidale, ulteriormente valorizzata dall'adiacente panca continua e dagli esemplari di Cornus a fioritura rosa che ne esaltano la riconoscibilità.

Fim Group Real Estate called upon the experience of the architect Patrizia Pozzi in redeveloping the disused SKF industrial area in Varese and creating homes of high technological and environmental level, with a combination of cutting edge technologies, in particular thermal insulation and the use of advanced engineering solutions such as geothermal exploitation through vertical probes for the heating.
The project gives equal priority to landscape and architecture, which combine with elegance and harmony. Three buildings, designed by studio Capelli Architettura & Associati laid out around a large central garden are embedded in a green system whose hallmark is the maple leaf, produced in different materials to perform different functions and serve different purposes. This system winds through a grove of birch trees that frames the surrounding mountain landscape. The central part of the garden, which has a wooden parterre, is enlivened by a trapezium-shaped pool of water, an element further enhanced by the pink blossoms of dogwood shrubs and the bench running alongside.

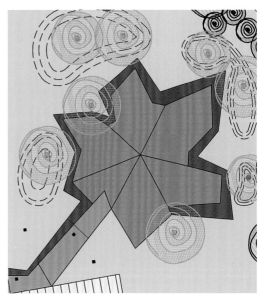

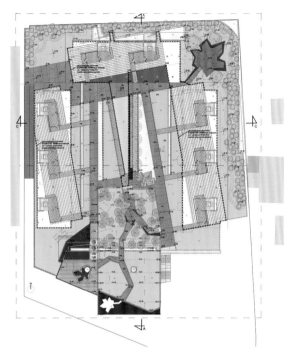

Sulla copertura dell'edificio commerciale rivolto verso la strada principale d'accesso al complesso residenziale si sviluppa un bosco su soletta: gruppi di betulle a ceppaia accompagnano il percorso pedonale in lieve pendenza

A grove of trees stands on the roof of the commercial building facing the main access road of the residential complex and the gently sloping footpath is lined with coppiced birches

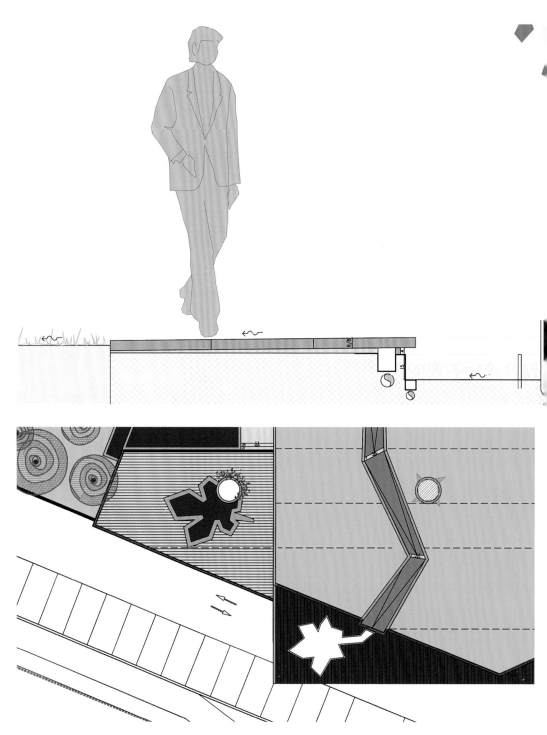

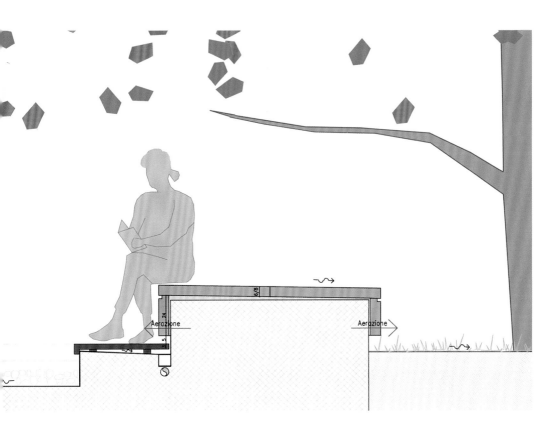

Da pavimentazione in gomma antitrauma dell'area gioco bimbi, la foglia diventa nel cuore del giardino una griglia metallica dalla funzionalità decorativa e d'aerazione per il parcheggio interrato sottostante; quindi si ripropone come aiuola verde e infine come bucatura nel sistema di percorsi, rampe e scale presente sulla copertura inclinata degli edifici commerciali sottostanti

Used as a floor of anti-shock rubber in the children's play area, the maple leaf becomes a metal grid in the heart of the garden that acts as a decorative element while providing ventilation for the underground car park. Further manifestations include green verges and openings in the system of pathways, ramps and stairs present on the slanted roof of the commercial buildings below

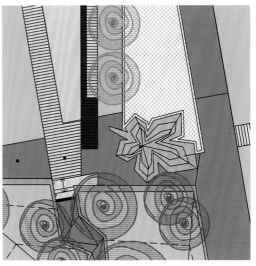

Festival dell'Arte Topiaria
"la magnolia"

Topiary Festival
"la magnolia"

Imponenti foglie di magnolia di 150 x 200 centimetri, realizzate in ferro, sovrastano la figura umana nel bosco di lecci di Villa Oliva-Buonvisi, a Lucca. In occasione del Festival dell'Arte Topiaria organizzato dall'associazione Grandi Giardini Italiani nel 2000, Patrizia Pozzi si avvale della collaborazione dello scultore Simon Benetton per dare la propria interpretazione sul tema dell'arte topiaria, sovvertendo il consueto rapporto tra natura e architettura.

Imposing magnolia leaves of iron measuring 150 x 200 centimetres tower over the human figure among the ilexes of the Villa Oliva-Buonvisi, Lucca. On the occasion of the Topiary Festival organized by the Grandi Giardini Italiani association in 2000, the architect Patrizia Pozzi worked with the sculptor Simon Benetton to give her own interpretation of this art, subverting the customary relationship between nature and architecture.

Sui tetti a Milano
"il gelsomino"

On the rooftops of Milan
"il gelsomino"

La foglia del gelsomino viene proposta su pannelli d'acciaio retroilluminati che decorano il parapetto di un terrazzo milanese. Il decoro crea suggestivi giochi di luce e un legame interno-esterno; sul parapetto inoltre trovano spazio vasche d'acciaio per cespugli di Pittosporum nano. Il pavimento è in parquet in listoni d'ulivo.

The jasmine leaf is the model for back-lit steel panels to decorate the parapet of a Milanese terrace, creating evocative effects of light and a link between inside and outside. Space is also found on the parapet for steel planters containing bushes of dwarf Pittosporum. The floor is olive-wood parquet.

Tavolino per esterni e interni
"Fior di loto"

Table for indoors and outdoors
"Fior di loto"

È una serie di tavolini da esterni e interni, realizzati con finiture in diversi materiali, che si ispira nella forma al fiore di loto. Il piano d'appoggio richiama la foglia, mentre la corolla del fiore diviene un elemento decorativo e funzionale e può fungere da portaoggetti, da posacenere, da portacandele o portabicchiere, per l'uso nelle serate estive.

A series of outdoor and indoor tables clad in different materials and based on the lotus flower. The top is shaped like a lotus leaf and the corolla of the flower becomes a decorative and functional element serving to hold candles, objects, glasses or an ashtray on summer evenings.

Linea di mobili per esterni e interni "Radici"

Line of indoor and outdoor furniture "Radici"

È una collezione composta da diversi elementi d'ispirazione naturale che mira a creare, attraverso una forma che richiama le radici degli alberi, un rapporto simbiotico con la natura. Gli arredi si trasformano in supporti vegetali, pronti per essere ricoperti da piante rampicanti e offrire la sensazione di vivere nel verde.

This collection seeks to create a symbiotic relationship with nature, the source of inspiration for its various elements, through a shape that recalls the roots of trees. The items of furniture are transformed into vegetable supports for climbing plants and offer the sensation of living in the midst of greenery.

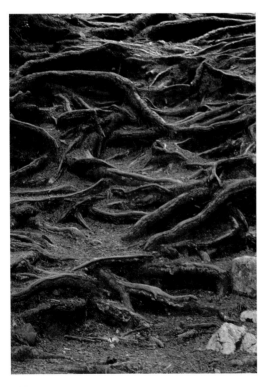 

Tavolino per esterni e interni "Alice"

Table for indoors and outdoors "Alice"

Il tavolino "Alice", già realizzato nel 2006 in materiale plastico, è adesso rivisitato in materiale lapideo. Esso riprende le forme e i colori di una margherita, i cui petali formano il piano circolare di 65 centimetri di diametro e il cui gambo è piede d'appoggio della struttura, alto 78 centimetri con un diametro 3 centimetri. Le tre punte a terra sono volutamente asimmetriche per conferire maggiore naturalezza all'oggetto.

First produced in plastic in 2006, the "Alice" table now appears in stone in the shape and colours of a daisy, whose petals form a circular top of 65 centimetres in diameter resting on a stem of 78 centimetres with a diameter of 3 centimetres. The three supporting elements on the ground are deliberately asymmetrical so as to make the object look more natural.

**Luce a led per esterni e interni pieghevole
progettata dallo studio Morasso
"Ramètt"**

**Flexible LED lamp for indoors and outdoors
designed by studio Morasso
"Ramètt"**

Come un sottile rametto in procinto di far nascere un colorato fiore, la nuova illuminazione da giardino prende ispirazione dallo sguardo sulle gemme e i boccioli di ciò che sta per fiorire. Inserita all'interno di gruppi di altre piante e fiori diventa l'oggetto che ne ritma i chiari/scuri nella notte, quasi a ricordare una leggera danza di lucciole.

Like a slender twig about to give birth to a coloured flower, the new garden lighting system draws inspiration from gazing upon the buds of what is about to bloom. Placed inside clusters of other plants and flowers, it becomes the object that guides the rhythm of their light and dark hues in the night, almost like the gossamer dance of fireflies.

Il tema del gioco diventa tema di progetto: oggetti pensati per solleticare la curiosità dei bambini e le loro forme del gioco, il loro approccio alle cose. La libertà di interpretazione è il Leitmotiv di uno sguardo sperimentale su oggetti e spazi. Non sempre pensati su misura per i bambini, questi oggetti diventano però ogni volta strumenti di gioco, fonti di ispirazione per la libertà con cui sempre i bambini si mettono in relazione con il mondo che li circonda. Il risultato è un modo nuovo di giocare, una liberazione dagli schemi, un momento di relazione con la natura, le sue forme, le sue sperimentazioni, un modo di imparare giocando.

BABY GREEN DESIGN

The theme of play becomes the theme of design: objects conceived to arouse the curiosity of children with their forms of play and approach to things. Freedom of interpretation is the hallmark of an experimental attitude towards objects and spaces. While not always made to measure for children, these objects become tools for play in every case, sources of inspiration for the freedom with which youngsters always address the world surrounding them. The result is a new way to play, liberation from set patterns, a chance to relate to nature and its forms and experiments, a way to learn through games.

Nel giardino botanico "Alpinia"
"Nidi"

In the "Alpinia" botanical garden
"Nests"

Nel Giardino Botanico di Alpinia, Stresa, le sedute in salice intrecciato a mano da Anna Patrucco di Salix riprendono la forma di nidi, che i bimbi delle scuole elementari, insieme con Patrizia Pozzi, hanno distribuito tra agli alberi del parco. Il progetto, del 2008, è parte del landscape furniture che l'architetto ha disegnato negli anni allo scopo di legare la natura all'interior design per renderla in tal modo parte del nostro scenario quotidiano.

Hand-crafted seats of woven willow rods produced by Anna Patrucco's Salix company in the shape of nests are to be found among the trees of the botanical garden of Alpinia, near Stresa. They were placed there in 2008 by local elementary school children under the guidance of the architect Patrizia Pozzi, the author of the project and designer of landscape furniture aimed at connecting nature with interior design so as to make it part of our everyday setting.

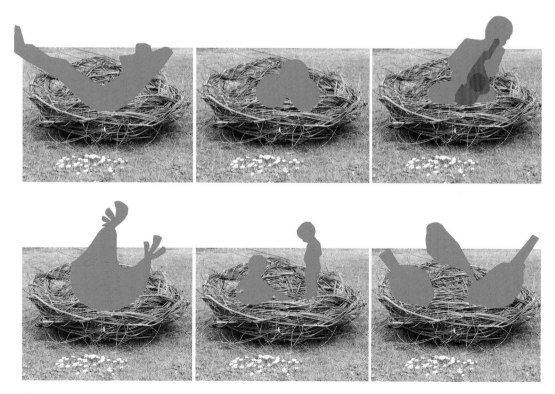

Linea di mobili in erba sintetica per esterni e interni "Gastone e Olivia"

Line of furniture in synthetic grass for indoors and outdoors "Gastone e Olivia"

La seduta surreale riprende ironicamente l'arte topiaria e trasforma la natura in un oggetto da vivere direttamente. Il tappeto erboso diviene un divano, dotato di una robusta scocca in plastica rotazionale e rivestito in erba artificiale. Leggero e resistente alle intemperie, è adatto anche per l'uso esterno e l'arredo urbano.

A surrealistic seat that refers ironically to the art of topiary and transforms nature into an object for everyday living. The grass carpet becomes a sofa covered in artificial grass and equipped with a sturdy rotational plastic frame. Lightweight and weather resistant, it is also suitable for use outdoors and as an item of urban furniture.

Ciottoli per esterni e interni in resina "Flinstone"

Pebbles of synthetic resin for indoors and outdoors "Flinstone"

I ciottoli di fiume ingranditi sono pensati per invadere, con ironia, le nostre case e giardini. Ispirati alle pietre, leggeri, di molteplici colori o trasparenti, sono realizzati in materiale sintetico. Versatili e giocosi, portano un po' di natura all'interno delle case, dove possono essere usati come decoro.

Oversized pebbles designed to invade our homes and gardens with light-hearted irony. Available transparent or in a range of colours, they are inspired by stones but much lighter due to the use of synthetic material. Versatile and playful, they bring a touch of nature into the home, where they can be used as decorative elements.

Panca corallo per esterni "Nautilus"

Coral bench for outdoors "Nautilus"

La panca, disegnata in collaborazione con Angelo Jelmini, si ispira al mondo sottomarino dei coralli. La seduta, realizzata in resina rossa, è utilizzabile in esterno e si trasforma facilmente in un luogo per il gioco dei bambini. Duttile e adattabile a svariate esigenze, può essere utilizzata in sei differenti posizioni a seconda della seduta che si vuole ottenere, delle esigenze o della propria fantasia.

Jointly designed with Angelo Jelmini, this bench of red synthetic resin draws inspiration from the underwater world of coral. It can be used outdoors and is easily transformed in a place for children to play. Flexible and adaptable to a whole variety of requirements, it can be used in six different positions to meet the needs of the situation, the body and the imagination.

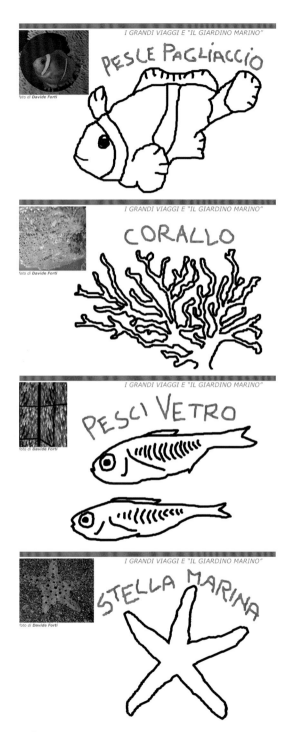

foto di **Davide Forti**

PESCE PAGLIACCIO

foto di **Davide Forti**

CORALLO

foto di **Davide Forti**

PESCI VETRO

foto di **Davide Forti**

STELLA MARINA

Poltrona per interni ed esterni in rami di salice intrecciati "Fedora"

Armchair of interwoven willow rods for indoors and outdoors "Fedora"

Una struttura in rami di salice intrecciati a mano da Anna Patrucco di Salix ricrea la forma di una seduta, divano o poltrona, che si trasforma col mutare delle stagioni grazie ai rampicanti – a seconda della dislocazione in vaso o a terra – collocati al di sotto di essa. Rose rampicanti, gelsomini, clematidi, edere arricchiscono questa seduta "semi-nata" dandole colori e odori che variano a seconda del gusto personale.

Hand-crafted structures of interwoven willow rods produced by Anna Patrucco's Salix company in the shape of sofas or armchairs that change with the seasons thanks to the climbing plants positioned beneath them, in pots or the earth depending on position. Climbing roses, jasmine, clematis and ivy enhance these items with different colours and fragrances in accordance with personal tastes.

fedora seduta semi-nata

fedora - design patrizia pozzi per SALIX

La lavorazione sulle superfici dense e al tempo stesso molto sottili è la nuova frontiera del progetto degli spazi aperti, una traduzione del parterre del giardino all'italiana in chiave contemporanea. Pochi centimetri di spessore realizzati con appositi materiali geocomposti consentono di realizzare ampi spazi naturali anche in ambienti piccoli e con poco terreno. La modellazione del terreno, in forme e spessori diversi, permette di dar vita a giardini su soletta sperimentando soluzioni e forme che nascono dalle esigenze di un vivere contemporaneo con modalità di realizzazione ed espressione nuove.

SCULPTING

Working on simultaneously dense and very shallow surfaces is the new frontier in the design of open spaces, a revival of the parterre of the classic Italian-style garden with a contemporary slant. A depth of a few centimetres of proper geocomposite material is enough to create large natural areas even in restricted spaces with little soil. Sculpting the earth in different shapes and thicknesses makes it possible to develop gardens on roof tops by experimenting with forms and solutions that are born out of the demands of contemporary living with new channels of expression and production.

In una proprietà storica

In the grounds of a historical villa

Il giardino di una villa, sui colli bergamaschi, è stato sapientemente frazionato grazie all'utilizzo dello sculpting. Un semplice ricciolo, in erba o ghiaia su soletta, suddivide e al contempo unisce le proprietà, rispettando l'integrità dello spazio, dando valore ai singoli giardini e creando interessanti giochi di rimandi alla simbologia negativo-positivo.

The grounds of a villa on the hills above Bergamo are deftly laid out through the use of sculpting. A simple curl of grass or gravel on a slab simultaneously divides and connects the grounds, respecting the integrity of the space, setting off the individual gardens, and creating interesting references to the symbolism of positive and negative.

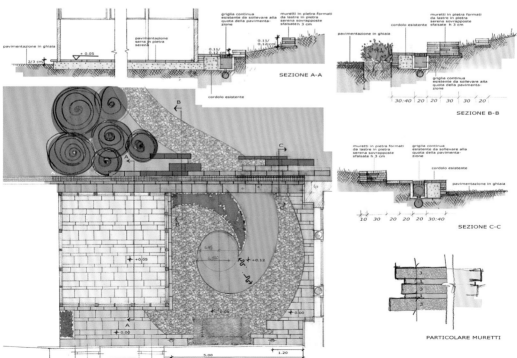

pavimentazione in ghiaia

pavimentazione serra in pietra serena

griglia continua esistente da sollevare alla quota della pavimentazione

muretti in pietra formati da lastre in pietra serena sovrapposte sfalsate h 3 cm

+ 0.05

2/3 cm

0.11/0.12 cm

0.11/0.12 cm

cordolo esistente

SEZIONE A-A

pavimentazione in ghiaia

cordolo esistente

muretti in pietra formati da lastre in pietra serena sovrapposte sfalsate h 3 cm

griglia continua esistente da sollevare alla quota della pavimentazione

30/40   20   20   30   30   20

SEZIONE B-B

muretti in pietra formati da lastre in pietra serena sovrapposte sfalsate h 3 cm

griglia continua esistente da sollevare alla quota della pavimentazione

cordolo esistente

pavimentazione in ghiaia

10   30   20   20   20   30/40

SEZIONE C-C

+0.05

+0.12

+0.04

+0.00

+0.00

5.00

1.20

3

3

3

PARTICOLARE MURETTI

Nuova sede L'Oréal Italia

New headquarters of L'Oréal Italia

Un edificio a corte, progettato dagli architetti Beretta, ospita al suo interno un parterre dal disegno barocco, ingrandito e ruotato in maniera tale da ironizzare sulla rigida geometria settecentesca. Il giardino, in piena tradizione scenografica italiana, si avvale dell'utilizzo di un geocomposto di base realizzato da HW-style che consente lo sviluppo dell'area avendo a disposizione un pacchetto di substrato di terra di soli 18 centimetri. Tale accorgimento risulta ideale in contesti metropolitani in cui è necessario ricoprire a verde spazi dallo spessore ridotto, come accade in presenza di ambienti sottostanti – nel caso in oggetto, un parcheggio.

A courtyard building designed by the Beretta firm of architects encloses a parterre of Baroque design magnified and rotated in such a way as to make an ironic comment on the rigid geometry of the eighteenth century. Fully in line with the Italian scenic tradition, the garden uses a basic geocomposite produced by HW Style making it possible to develop the area with a layer of soil only 18 cm deep. This proves ideal in metropolitan contexts where it is necessary to cover spaces of limited depth due to the presence of underground structures, a car park in this case, with greenery.

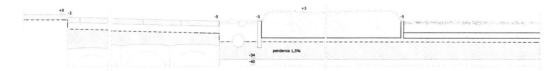

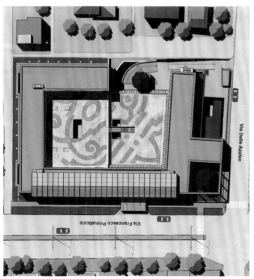

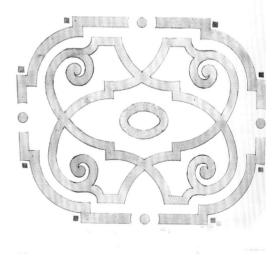

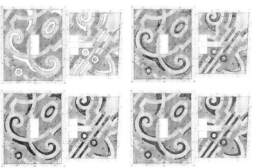

Nel parterre si affiancano percorsi di ghiaia a spacco giallo Verona a quattro essenze dalle fioriture alternate (Erica vulgaris, in autunno; Viola cornuta, in inverno; Primula vulgaris, in primavera; Impatiens "New Guinea" in estate) che consentono un variare di colori e configurazioni durante tutto l'arco dell'anno

The parterre has gravel paths of crushed yellow granite and four species of plant that flower in the different seasons: heather (Erica vulgaris) in autumn, horned violet (Viola cornuta) in winter, primrose (Primula vulgaris) in spring, and New Guinea impatiens in summer. This makes variations of colour and configuration possible all through the year

Landscape per le Torri Stella al Portello

Landscape for the Stella towers, Portello

Il progetto dell'area verde di contesto alle Torri Stella del Portello, dello Studio Dini Architetti Associati a Milano, affronta numerose criticità dell'area in questione riuscendo a soddisfare esigenze funzionali ed estetiche. Spazi esterni molto ampi, con assenza di fondali verdi, circondano il complesso architettonico, richiamando l'esigenza di uno spazio verde connettivo raccolto e al contempo generatore d'identità. La presenza di un parcheggio sotterraneo non ha impedito la caratterizzazione del luogo attraverso l'uso di specie arboree grazie all'uso di speciali geocompositi per il verde pensile. La necessità di inserire percorsi di accesso alle residenze ha così portato alla definizione di un sistema di passaggi sinuosi di pavimentazione a getto che si dirama lungo grandi vasche d'acqua e aree verdi di tappezzanti e siepi di Cortaderia selloana, con le quali rimane in costante dialogo visivo.

The green area project for the Stella towers in the Portello district, by the Studio Dini Architetti Associati in Milan, addresses numerous critical needs of the area in question while meeting the functional and aesthetic requirements. The need for a connective green space capable at the same time of generating identity arose from the absence of greenery in the large open spaces surrounding the complex. The planting of trees to characterize the locations wasn't ruled out by the presence of an underground parking facility, thanks to the use of particular geocomposites for the green roof. Access was provided by a system of paths of poured concrete winding through and maintaining constant visual dialogue with large ponds, green areas of ground cover and hedges of pampas grass (Cortaderia selloana).

Planimetria di progetto
Plan of the project

Sezione tipo del parterre
verde e del geocomposto
*Standard cross-section
of the green parterre
and the geocomposite*

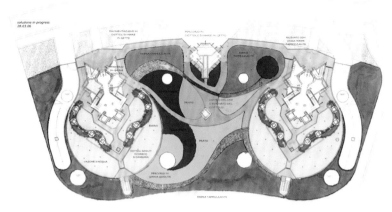

Corridoio vegetale per la nuova sede Ras

Green corridor for the new Ras headquarters

La lunga e stretta fascia di terreno, dietro la nuova sede Ras Assicurazioni, è il luogo prescelto per un particolare intervento di progettazione del verde. Lo spazio su soletta, posto sotto una pensilina, è valorizzato da un'onda orizzontale di bambù tappezzante e una verticale di bambù di media altezza, che abbracciano una passerella pedonale pavimentata con pietra indiana a spacco.

The long, narrow strip of earth behind the new Ras Assicurazioni building is the spot selected for a particular operation of landscape design. Situated beneath a canopy and on a slab, it features a horizontal wave of ground-cover bamboo and a vertical wave of medium-height bamboo, which embrace a footpath paved with split Indian stone.

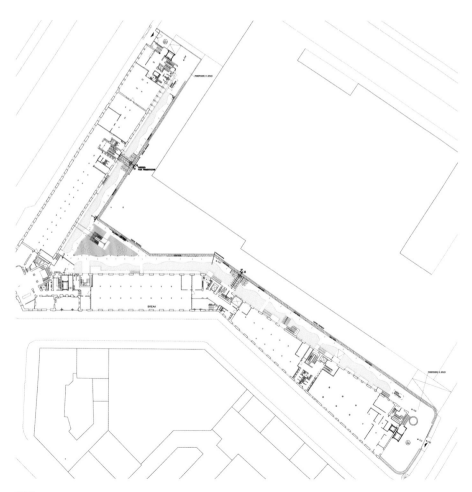

Sezione trasversale
del percorso su soletta
Cross-section
of the pathway on a slab

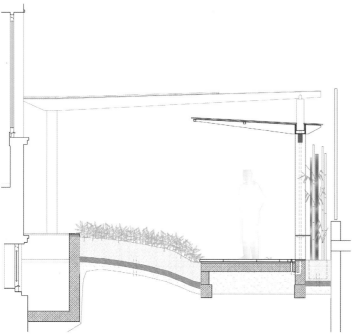

Una piccola corte tra edifici storici del centro di Milano è rivalorizzato da Patrizia Pozzi attraverso interventi attenti e puntuali. La presenza del garage sottostante ha limitato l'inserimento di specie vegetali a causa del pacchetto di terra ridotto e della soletta esistente, inadatta a reggere carichi eccessivi. Al contempo, la presenza di una magnolia dall'apparato radicale molto sviluppato ha impedito la presenza di altre specie vegetali adiacenti. Il progetto ha quindi previsto un sottofondo di tappezzante basso e compatto, sempreverde, con piccoli fiori viola (Vinca minor), su cui una composizione di camelie, dalla fioritura invernale, riproduce un effetto di fondale boschivo, grazie alla sapiente collocazione contro il muro di cinta del giardino.

Grandi sfere di salice intrecciato di diverse dimensioni sono infine disposte ai piedi delle camelie per movimentare il giardino.

A small courtyard between historical buildings in the centre of Milan was refurbished by the architect Patrizia Pozzi with a precisely calibrated project. The use of plants was limited by the presence of an underground garage with a roof unable to bear any great weight and by the shallow layer of soil available as a result. At the same time, the presence of a magnolia with a highly developed root system made it impossible to place any other plants nearby. It was therefore decided to introduce a bottom layer of low, compact, evergreen ground cover with small purple flowers (Vinca minor or lesser periwinkle), over which a composition of winter-flowering camellias is deftly positioned against the garden wall to create a woodland effect.

Large balls of interwoven willow rods in different sizes are arranged by the bed of camellias to provide animation.

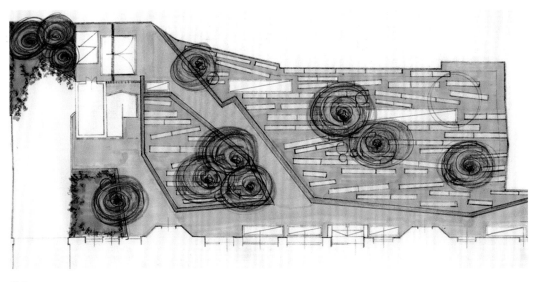

All'interno di una corte del Cinquecento, ingresso di una residenza storica, è proposto il classico giardino all'italiana, rivisitato in chiave contemporanea. Il giardino si sviluppa in orizzontale e in verticale, giocando con parterre ornamentali di siepi in bosso, pietra a spacco, ciottoli ed erba che disegnano geometrie al suolo, valorizzano la corte e consentono il passaggio delle automobili.

A sixteenth-century courtyard constituting the entrance of a historical residence is the site for a classical Italian-style garden with a contemporary twist. The garden develops horizontally and vertically with an interplay of ornamental parterres of boxwood hedges and surfaces of split stone, pebbles and grass laid out in geometric patterns on the ground. While embellishing the courtyard, this leaves space for cars to pass.

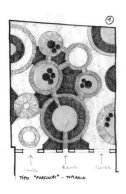

②

eventuale fontana

prato

siepe

ghiaia

pietra

↑ ↑
CARRAIO   CARR

TIPO GIARDINO ALL'ITALIANA - TOPIARIA

Gli elementi del paesaggio sono molteplici e di diversa intensità. Come in una partitura musicale ciascuno di questi compone un brano a sé stante, che tuttavia unito insieme agli altri dà vita a una melodia sinfonica, in cui il tutto e la sua parte si fondono rendendola unica e originale. Allo stesso modo, nel progetto del paesaggio l'elemento a "sfondo" può diventare parte integrante del progetto, qualcosa con cui confrontarsi e dialogare, nel reciproco scambio di metamorfosi e cambiamenti nell'arco del tempo, che siano essi diluiti nel corso delle ore o dei giorni.

WALLSCAPE

The elements of the landscape are numerous and differ in intensity. As in a musical score, while each of these constitutes a motif in itself, their blending together gives rise to a symphonic melody in which the whole and the part meld to create something original and unique. In the same way, the "background" element of a landscape design can become an integral part of the overall project, something to be addressed in dialogue with the reciprocal exchange of ideas and metamorphoses spread out over time, be it hours or days.

Location Patrizia Pozzi, Milano

Giardino marino
Marine garden

Riforestazione del "Dominio di Bagnoli"
Reforestation of the "Dominio di Bagnoli"

Nel tempo la natura si modifica e modifica ciò che sta sotto di essa. Nonostante l'aspetto più difficile, la sfida più grande nel tentativo di migliorare e ridare vita a uno spazio che ha perso il suo significato nell'attesa che una mano attenta ne riscopra i valori, si trovano possibilità di sperimentazione e ricerca sottili, quasi nascoste. Più spesso nel progetto, per migliorare, si tende ad aggiungere, quando invece a volte è sufficiente togliere e scoprire elementi da svelare, tracce da recuperare per valorizzare l'esistente conferendogli un nuovo significato.

TAGLIA E CUCI
CUT & PASTE

Nature changes in time and changes what lies beneath it. Despite the apparently greater difficulty and challenge in the attempt to improve and revitalize space that has lost its meaning and awaits a careful hand capable of rediscovering its values, there are subtle and almost hidden possibilities of experimentation and exploration to be found. While the tendency is more often to add in order to improve, it is instead sometimes sufficient to subtract in order to discover elements and traces, to reveal what is already there and give it new value and meaning.

6

31

35

36

37

8

27

34

26

25

40

41

24

25

23

21

36

35

36

34

27

25

37

6

23

36

43

34

27

25

37

6

35

35

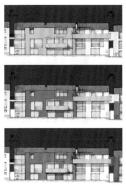

44

36

RIFLETTENDO
REFLECTION

Come nel gioco degli specchi, così il tema degli oggetti riflessi diventa luogo di invenzione
e stimolo per il progetto del paesaggio. Om-
bre e luci in relazione a superfici specchianti
diventano elementi che silenziosamente en-
trano a far parte del progetto, a volte quasi in-
volontariamente, ma pur sempre elementi di
quel contesto in cui ciascun progetto trova la
sua collocazione. Un modo diverso di inter-
pretare gli spazi aperti offrendo nuovi scorci
e nuove visuali in un raddoppio degli elementi
interessanti, in un gioco di estensioni calei-
doscopiche.

As in the interplay of mirror images, the theme of reflected objects becomes a locus of invention and stimulus for landscape design. Shadow and light and reflecting surfaces are all factors that silently become part of the project, sometimes almost involuntarily, while always remaining elements of the context in which every project finds its true location. A different way of interpreting open spaces by offering new angles and views in the duplication of key elements and interplay of kaleidoscopic extensions.

Nuovo complesso "Vodafone Village"
New "Vodafone Village" complex

Un borgo in Toscana sui colli
A hilltop town in Tuscany

Lungo la Martesana
Along the Martesana

Un giardino sul lago Maggiore
A garden on lake Maggiore

Il tema della sostenibilità diventa sempre più urgente. Alla base di ciò che verrà nel prossimo futuro dobbiamo dare per scontate la qualità ambientale dei progetti, il loro inserimento nel paesaggio, anche là dove ciò che è costruito è in completo disaccordo con ciò che è naturale, la loro sostenibilità e integrazione con tutti gli aspetti che legano architettura e spazi aperti verdi. Il ruolo del paesaggista diventa sempre più fondamentale come punto cardine di garanzia di qualità del progetto là dove gli spazi aperti sono anche messi in relazione al costruito, come spazi vivibili, necessari al benessere degli esseri umani, e come elementi di risarcimento in quel rapporto fisico per cui nulla si crea e nulla si distrugge, ma tutto si trasforma.

Ever-greater importance now attaches to sustainability. It is with a view to what will come in the near future that we must ensure the environmental quality of our projects, their integration into the landscape even where what it is constructed is completely out of harmony with what is natural, their sustainability, and their compliance with all the constraints governing architecture and open green areas. The role of the landscape architect is becoming increasingly crucial as the linchpin guaranteeing the quality of a project in which open spaces are linked to buildings both as liveable areas essential to human well-being and as elements fuelling a physical relationship in which nothing is created and nothing destroyed but everything is transformed.

nursery

4

Golf Club Bogogno
Bogogno

Golf Club Bogogno
Bogogno

All'interno del complesso del Circolo Golf di Bogogno, per una particolare attenzione della committenza, assume grande importanza il progetto del paesaggio che circonda il complesso. L'intervento insiste su un'area molto estesa che presenta caratteristiche naturali ben definite: vi si trovano boschi e corsi d'acqua che rendono l'area una delle più belle d'Europa.

È fondamentale l'intervento sull'acqua, presente sia in laghetti artificiali, tra loro collegati, sia in piscine per il nuoto libero e trattamenti termali.

Vicino al complesso della "Foresteria" è stato realizzato un biolago, pensato come un bosco d'acqua che, tramite le sue insenature, crea un paesaggio ricco di scorci, percorsi e ponti, articolandosi tra l'area del Golf, il paesaggio naturale e le proprietà private limitrofe.

As particularly requested by the client, great importance is attached to the project for the landscape surrounding the Bogogno Golf Club, a vast area of woodland and rivers with sharply natural features that make it one of the most beautiful in Europe.

Given its presence not only in the series of interconnected artificial ponds but also in the swimming pools and spa facilities, water is a key element.

The wooded bio-lake close to the Foresteria hotel was designed with inlets to create a rich landscape of views, pathways and bridges stretching between the golf course, the natural countryside and the neighbouring private properties.

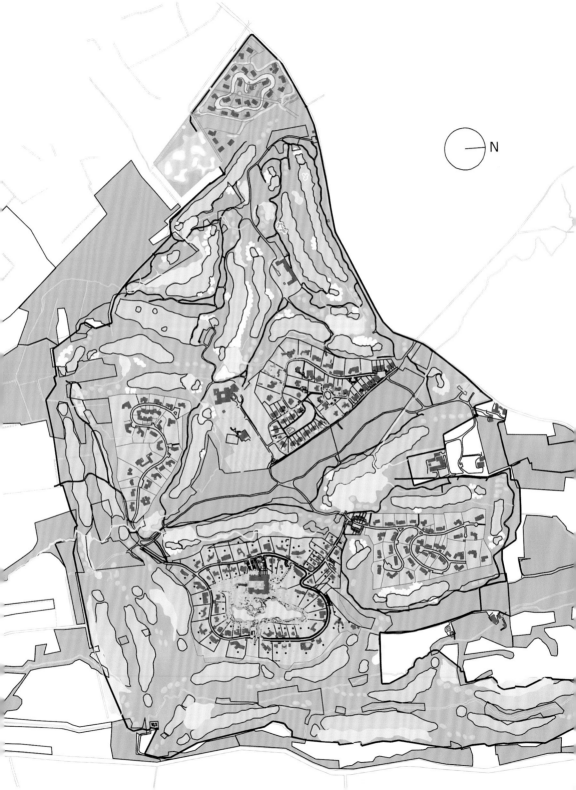

"Il biolago"
Golf Club Bogogno

"Biolake"
Golf Club Bogogno

Le sponde del nuovo biolago sono trattate con materiali disparati, in relazione ai diversi modi possibili per fruire la zona: aree a prato per affacciarsi e sostare vicino all'acqua, sponde con pietre e ciottoli per passeggiare, argini con vegetazione e sassi per entrare in diretto contatto con la natura.

Il biolago coniuga aspetti naturalistici quali l'espressività del progetto attraverso l'acqua e la diversa funzionalità degli spazi con tratti tecnici come la fitodepurazione, realizzata grazie a piante acquatiche.

Different materials are used for the shores of the new biolake in relation to their envisaged use: grassy areas to sit by the water's edge, stones and pebbles for walking, stone and vegetation for direct contact with the nature.

The biolake combines naturalistic aspects, such as the project's expressive use of water and the various functions of the spaces with technical aspects like the harnessing of aquatic plants for purification purposes.

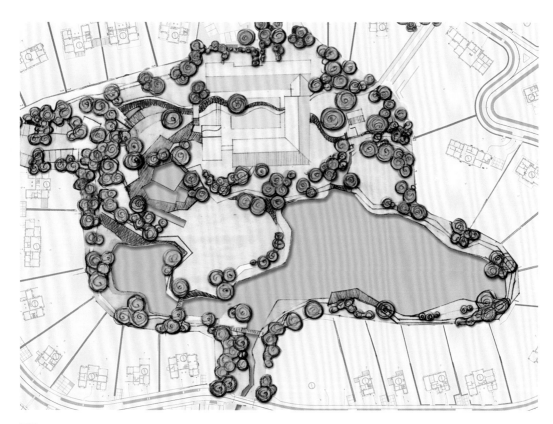

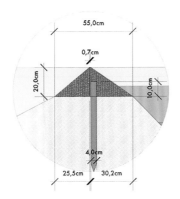

Modellazione del lago
(Umor Acqueo)
*Modelling of the lake
(Umor Acqueo)*

Sezioni tipo di una sponda
con fitodepurazione
*Standard cross sections
of bank with biofiltration*

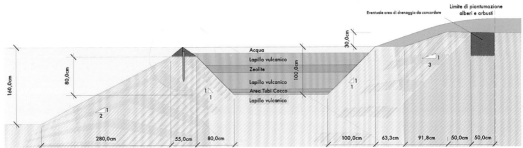

Eventuale area di drenaggio da concordare

Limite di piantumazione
alberi e arbusti

Acqua
Lapillo vulcanico
Zeolite
Lapillo vulcanico
Area Tubi Cocco
Lapillo vulcanico

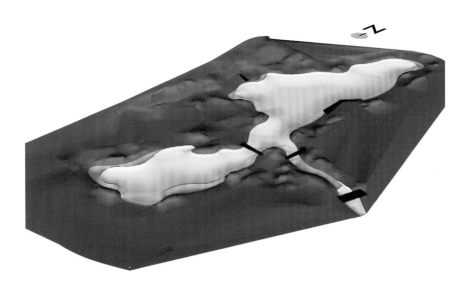

Foto delle sponde in
costruzione
*Photograph of the lake
banks under construction*

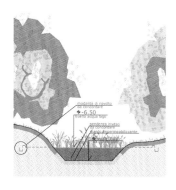
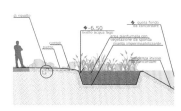
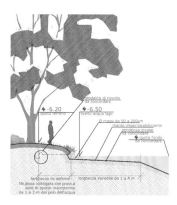

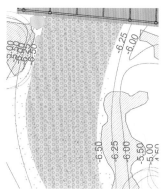
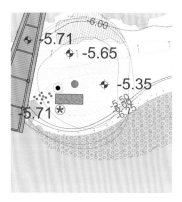
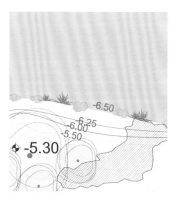

Sezione, pianta e foto
di cantiere dell'area dedicata
alla fitodepurazione
*Cross-section, plan and
photograph during construction
of the biofiltration area*

Sezione, pianta e foto di cantiere
dell'area dedicata alle piante
acquatiche
*Cross-section, plan and photograph
during construction of the area
devoted to aquatic plants*

Sezione, pianta e foto di cantiere
di una sponda con massi
*Cross-section, plan and
photograph during construction
of a stretch of bank with large
stones*

"La chiesina"
Golf Club Bogogno

"The church"
Golf Club Bogogno

Vicino al lago è ubicata una chiesetta del Settecento, punto belvedere verso il lago sottostante e luogo privilegiato per gli ospiti che vogliono raccogliersi in preghiera; il terreno che porta dal lago alla chiesa è stato trattato con estrema cura creando un leggero declivio arricchito da piante di *Prunus*.

The small eighteenth-century church offers a splendid view of the nearby lake and a special place for guests to say a quiet prayer. The stretch of land between the lake and the church is graded with the utmost care to create a gentle slope embellished with *Prunus* fruit trees.

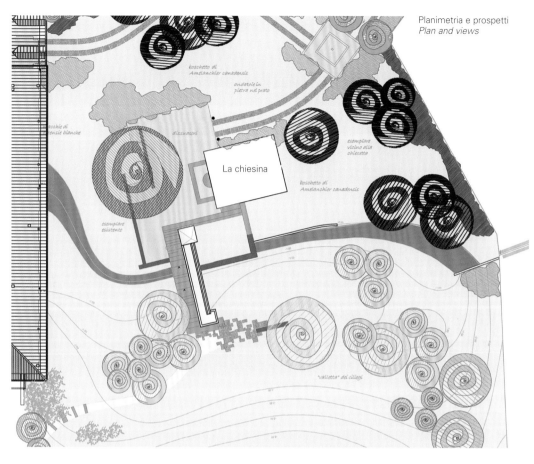

La chiesina

0.00   -0.20   +0.20   -0.84   -1.50

"La corte della Cascina Bonora"
Golf Club Bogogno

"Courtyard of the Bonora farmhouse"
Golf Club Bogogno

Le aree verdi della corte interna della Cascina Bonora, di forma geometrica, sono arricchite e caratterizzate dalla presenza di un'onda di graminacee che attraversa l'area, affiancata da una serie di sedute dalle forme curvilinee che integrano gli alberi e il paesaggio.

The green areas of the geometrically shaped inner courtyard of the Bonora Farmhouse are embellished and characterized by undulating grasses and a series of curved seats that blend in with the trees and the landscape.

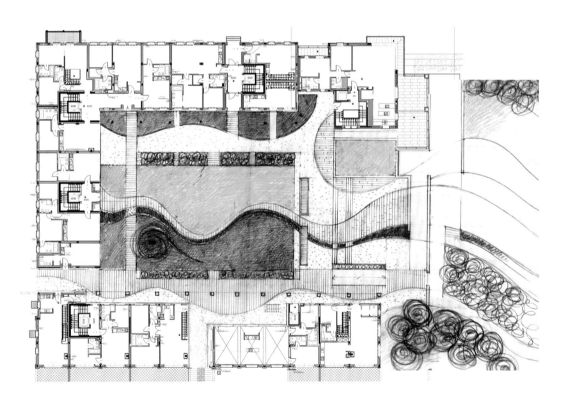

Planimetria del concept della corte
Plan of the concept of the courtyard

Graminacea selezionata:
Pennisetum alopecuroides
Species selected: foxtail fountain grass (Pennisetum alopecuroides)

Dettagli della fioriera centrale
Details of the central planter

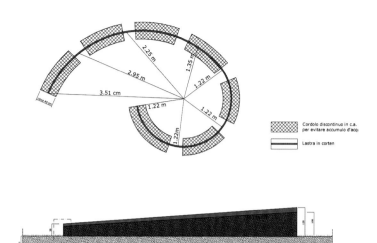

2.25 m
1.35 m
2.95 m
1.22 m
3.51 cm
1.22 m
1.22 m
1.22 m

Cordolo discontinuo in c.a. per evitare accumulo d'acqua

Lastra in corten

Dettaglio A

Substrato (vedere "sistema Sec)

Materassino geocomposto con accumulo d'acqua

Guaina impermeabilizzante ed antiradice

Massetto pendenze

Impalcato strutturale esistente

Lastra di corten

Cordolo in c.a.

0.50
0.40
57

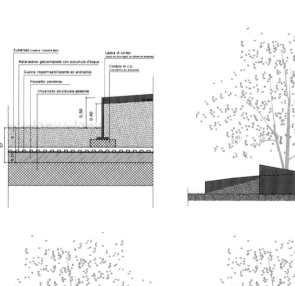

247

"Le piscine"
Golf Club Bogogno

"Swimming pools"
Golf Club Bogogno

Accanto al lago si trova una nuova piscina suddivisa in quattro vasche, poste a diverse altezze, così da movimentare il paesaggio; le vasche per il nuoto libero si pongono reciprocamente in relazione tramite piccole cascate e offrono ai clienti acqua calda e fredda insieme con un'area per i trattamenti termali.

The new swimming pool beside the lake is divided into four sections set at different levels to animate the landscape. Connected to one another by small cascades, they offer users a choice of warm and cold water as well as a spa area.

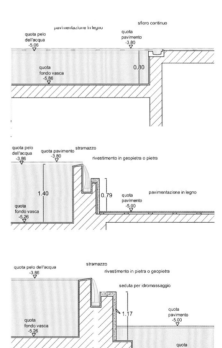

Planimetria generale
General layout

Dettagli delle tipologie
di sfioro
*Details of types
of overflow channel*

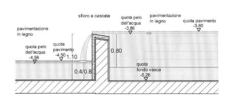

248

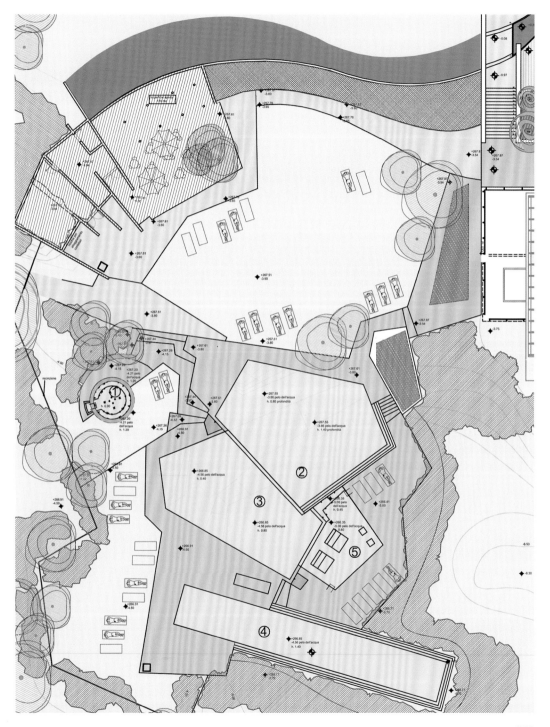

Un'antica Fornace esistente diviene il fulcro paesaggistico del futuro intervento di lottizzazione, in prossimità dell'area del Golf.

Il progetto del masterplan comprende uno specchio d'acqua per nuotare, collegato al lago e alla Spa, ricavata nell'antica fornace, che si affaccia sull'acqua tramite una terrazza vetrata da cui si gode una vista privilegiata sul paesaggio. Una grande roggia, dalla forma complessa e organica, circonda l'intervento collocando la Spa e le residenze in un contesto naturalistico ricercato.

The landscaping project for the area of the golf course envisages a pool for swimming connected both to the lake and to a spa housed in an old furnace, the fulcrum of the masterplan as a whole, which will offer splendid views of the water and the countryside from a glazed terrace. A millstream of complex and organic shape encircles the area and provides the spa and the accommodations with a highly distinctive natural setting.

Vista di una residenza
sulla roggia
*View of a residential
unit on the millrace*

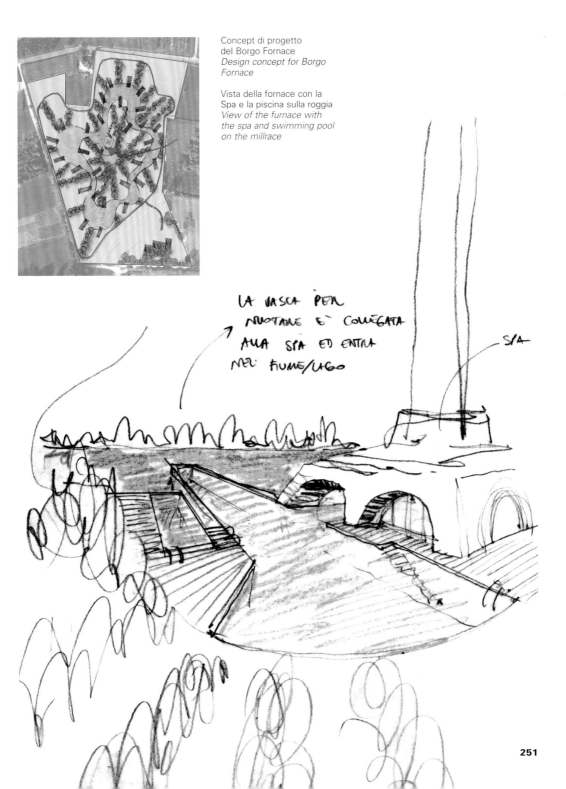

Concept di progetto
del Borgo Fornace
*Design concept for Borgo
Fornace*

Vista della fornace con la
Spa e la piscina sulla roggia
*View of the furnace with
the spa and swimming pool
on the millrace*

LA VASCA PER NUOTARE E' COLLEGATA ALLA SPA ED ENTRA NEL FIUME/LAGO

SPA

Mitigazione di un nuovo impianto di betonaggio e asfalti

Reducing the environmental impact of a new concrete and asphalt plant

Il progetto prevede la mitigazione ambientale e la progettazione architettonica e paesaggistica, a impatto zero, di un nuovo impianto di betonaggio, costruito in gran parte in trincea, 5 metri sotto il livello del suolo, per attutire l'impatto sul contesto.

Intorno all'impianto è stata introdotta una grande struttura architettonica a vela che abbraccia l'edificio e permette la mitigazione acustica e paesaggistica; la vela presenta delle aperture che consentono l'intromissione del paesaggio agricolo e interessanti scorci.

La vela, di colore azzurro, crea una continuità tra il territorio e il cielo; nel suo punto più alto raggiunge i 15 metri, è realizzata in cemento con casserature a vista effetto listello e la sua superficie è scabra, per riflettere la luce in modalità differenti.

L'elemento verde è fondamentale all'interno del progetto: i pannelli solari sono stati inseriti nel terreno inclinato così da diventare parte del *landscape*, pioppi cipressini seguono l'andamento del muro e una fascia di arbusti, specie erbacee locali e *wildflowers*, cingono l'intera area. La scelta è caduta su queste specie arboree poiché esse contribuiscono ad arricchire la biodiversità locale e richiedono una bassa o nulla manutenzione nel tempo.

The project involved zero-impact measures and architectural as well as landscape design to attenuate the environmental impact of a new concrete and asphalt plant, mostly built five metres below ground level for the same purpose.

In order to lessen visual and acoustic impact, the plant is surrounded by a large wall with openings that provide interesting views and interchange with the agricultural landscape.

Coloured blue to create continuity between the earth and the sky, this architectural structure is 15 metres tall at its highest point. Its concrete surface is left rough with the imprints of the formwork exposed so as to catch the light in different ways.

Fundamental importance attaches to the green element in this project. Solar panels are set in the ground at an angle so as to blend into the landscape. The wall is lined with Lombardy poplars (*Populus pyramidalis*) and the area as a whole is surrounded by a border of shrubs, local plants and wildflowers. These species were selected for their capacity to enhance to local biodiversity while requiring little or no maintenance over time.

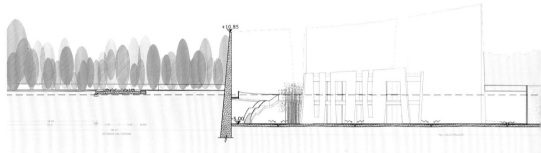

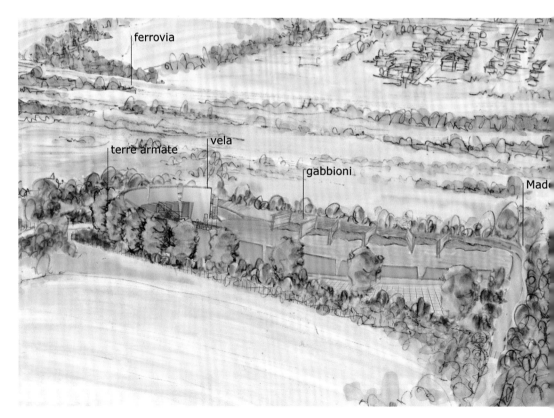

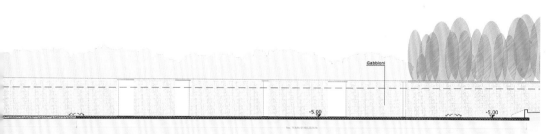

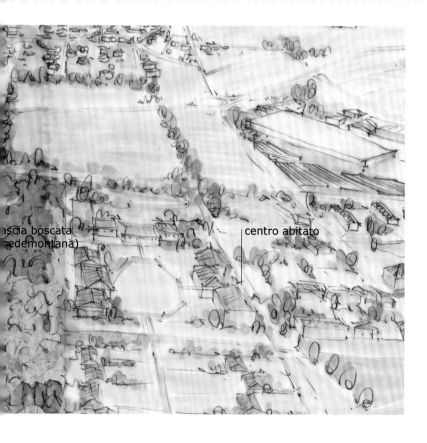

La vela, di colore azzurro,
crea una continuità
tra il territorio e il cielo;
nel suo punto più alto
raggiunge i 15 metri
ed è realizzata in cemento
con casserature a vista
effetto listello, la cui
superficie scabra riflette
la luce in modalità differenti
*Coloured blue so as to
create continuity between
the earth and the sky,
the wall is 15 metres tall
at its highest point.
Its concrete surface
is roughcast with the
imprints of the formwork
left exposed so as to catch
the light in different ways*

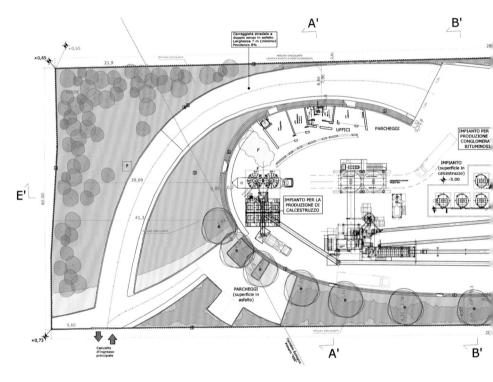

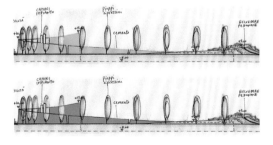
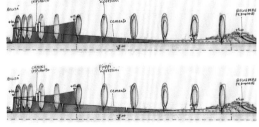

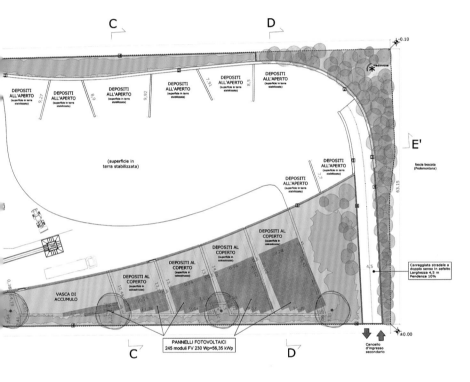

C   D

DEPOSITI ALL'APERTO (superficie in terra stabilizzata)

(superficie in terra stabilizzata)

DEPOSITI ALL'APERTO (superficie in terra stabilizzata)

Madonnina

E'

fascia boscata (Pedemontana)

DEPOSITI AL COPERTO (superficie in calcestruzzo)

VASCA DI ACCUMULO

Carreggiata stradale a doppio senso in asfalto Larghezza 4,5 m Pendenza 10%

PANNELLI FOTOVOLTAICI 245 moduli FV 230 Wp=56,35 kWp

Cancello d'ingresso secondario

C   D

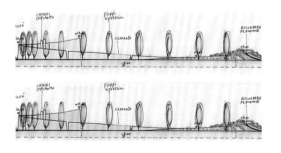

La macchia boschiva nell'intorno dell'area di intervento prevede specie arboree rustiche e specie arbustive con bacche per l'avifauna
Rustic species of trees and berry-bearing bushes for birds are envisaged for the wooded area around the project site

Planimetria di progetto
Plan of the project

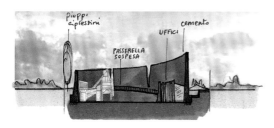
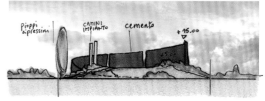

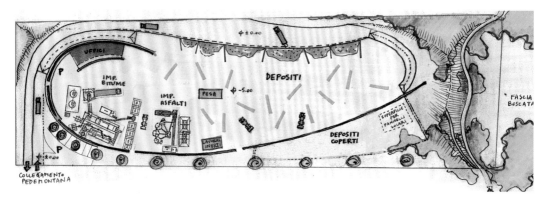
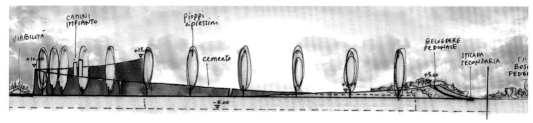

Concept iniziale di progetto
Initial project concept

Prospetto e sezione
trasversale di progetto
*View and cross-section
of project*

Due tra i materiali principali
del progetto paesaggistico:
le terre armate e i gabbioni
*Two of the primary
materials of the
landscape project: MSE
(mechanically stabilized
earth) and gabions*

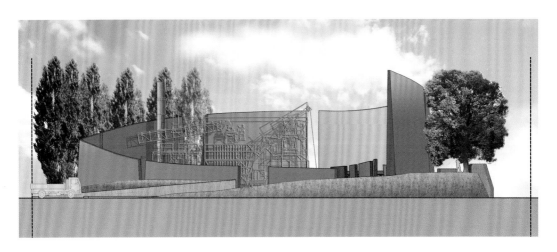

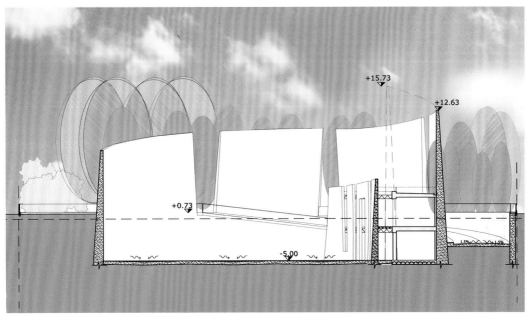

+15.73

+12.63

+0.73

-5.00

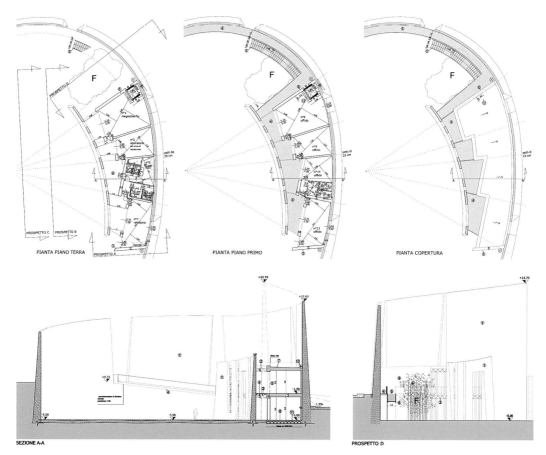

PIANTA PIANO TERRA

PIANTA PIANO PRIMO

PIANTA COPERTURA

SEZIONE A-A

PROSPETTO D

Gli uffici sono progettati in aderenza alla vela di mitigazione dell'impianto Una passerella aerea accessibile direttamente dal parcheggio vicino all'ingresso conduce a un piccolo edificio di due piani la cui facciata riprende, in piccolo, la vela in cemento. Dagli uffici sono visibili e monitorabili gli impianti

The offices are designed to abut the wall minimizing the environmental impact of the plant. An overhead walkway directly accessible from the car park by the entrance leads to a small two-storey building with a façade duplicating the concrete wall on a smaller scale. The production plants can be seen and monitored from the offices

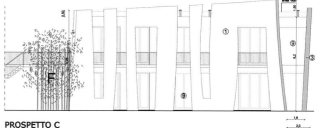

PROSPETTO C

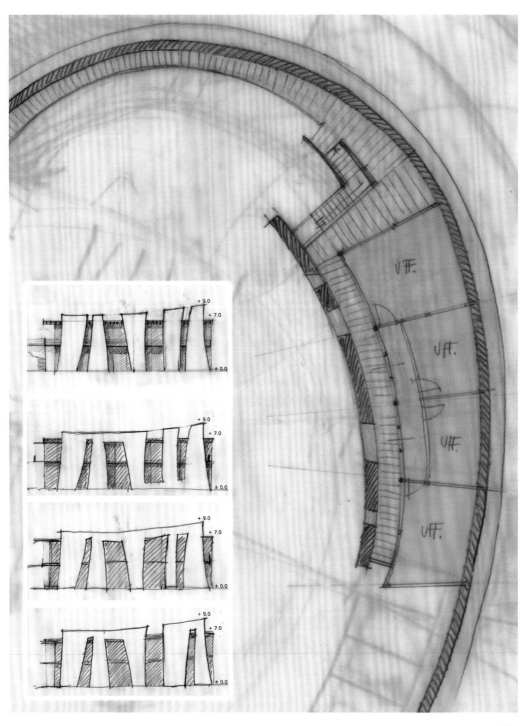

Il nuovo Campus Mediaset

New Mediaset Campus

L'intento del progetto del verde è conferire unità al campus costituito da edifici preesistenti, tra loro disomogenei. Il verde si colloca all'interno del nuovo sistema di viabilità pedonale e carrabile progettato da Axistudio, sopra i parcheggi interrati, su un pacchetto di terra molto ridotto.

Il progetto si sviluppa attraverso un sistema di intarsi vegetali: gli ovali nascono da un tronco di cono tagliato e sono realizzati in cor-ten. Questi elementi riconoscibili caratterizzano il paesaggio, accompagnano i percorsi pedonali e svolgono funzione di panca e aiuola; al loro interno sono poste differenti essenze arboree monospecie: alberi di terza grandezza, caratterizzati da fioriture e cromatismi stagionali.

Designed so as to impart unity to the campus made up of pre-existing and non-homogeneous buildings, the green area is located inside the new pedestrian and vehicle street system designed by Axistudio on top of the underground car park in a very limited amount of earth.

The plants are laid out in a pattern recalling inlaid decoration. Ovals of weathering steel based on sections of a truncated cone constitute immediately recognizable elements that characterize the landscape, mark out the footpaths, and serve both as benches and as containers for different monospecies of medium-small trees (10–20 metres tall) with distinctive blossoms and seasonal changes of colour.

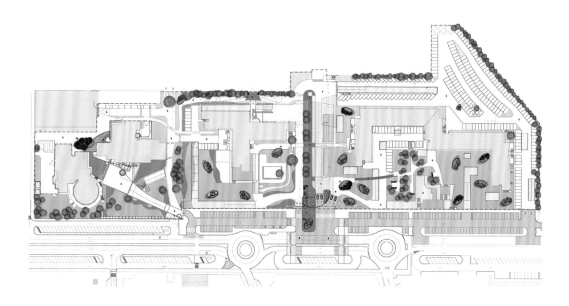

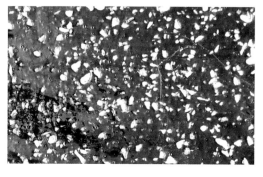

prospetto laterale

sezione schematica AA

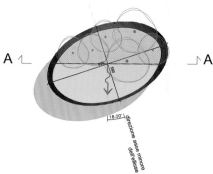
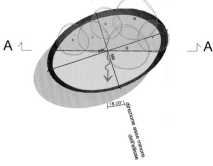

I materiali principali del concept progetto: asfalto con inerti in evidenza e con polvere di vetro, acciaio cor-ten, legno per esterni
The primary materials of the project concept: asphalt with aggregates visible and powdered glass, weathering steel and wood for exteriors

prospetto laterale

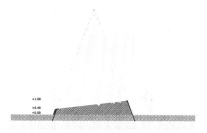

sezione schematica BB

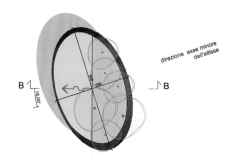

direzione asse minore dell'ellisse

B   B

Negli intarsi vegetali
il concept prevede
l'inserimento di macchie
di alberi di terza grandezza
a forma libera e con
fioriture stagionali
*The concept envisages
clumps of freely-shaped,
seasonally blossoming
trees of small-medium
height in the green inserts*

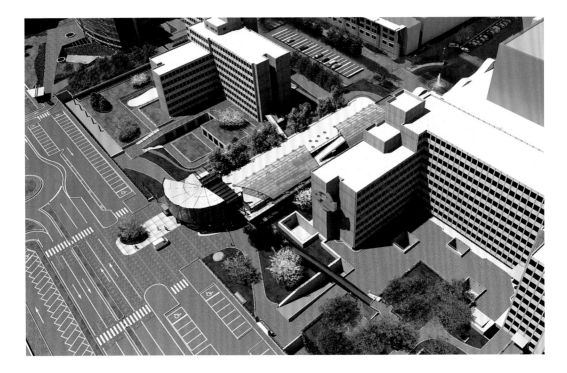

Vista aerea del progetto: il "finger", gli intarsi vegetali e la passerella pedonale. Sezione tipo dell'intorno di un ovale in cor-ten
Aerial view of the project showing the "finger", the green inserts and the footpath. Standard cross-section of the area surrounding an oval of weathering steel

Le due tipologie di intarsi vegetali: uno più ampio, posto su terrapieno e attraversato da un percorso pedonale, uno più piccolo, posto su soletta. Questa seconda tipologia è distribuita all'interno di tutta l'area del Campus
The two types of green insert: the larger on an embankment with a footpath running through it; the smaller on a concrete slab. The latter is found throughout the campus area

ASFALTO - TAPPETO ERBOSO - TAPPETO ERBOSO su piastra - TAPPEZZANTI su piastra - INTARSIO VEGETALE

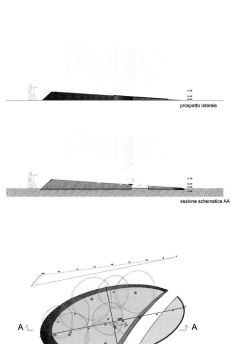

prospetto laterale

sezione schematica AA

planimetria

A ⌐   ⌐ A

prospetto laterale
scala 1:100

sezione schematica AA

A ⌐   ⌐ A

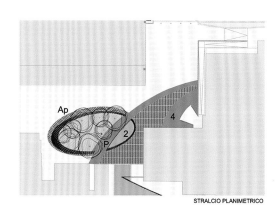

Ap

P

2

4

STRALCIO PLANIMETRICO

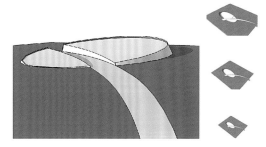

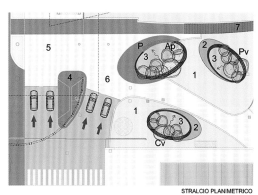

7

P   Ap   2   Pv

3   3

5   6   1

4   1

1   3   2

Cv

STRALCIO PLANIMETRICO

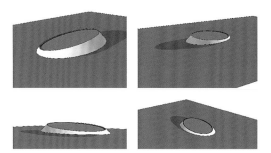

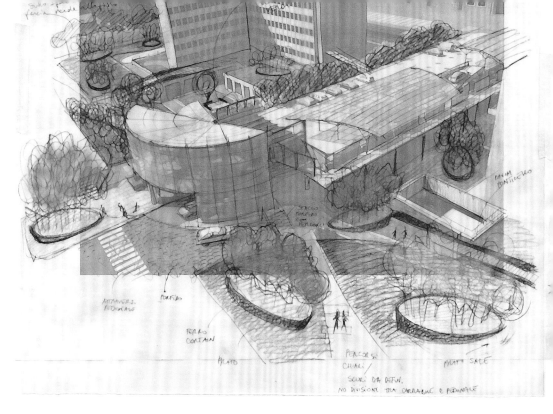

Le macchie monospecie di alberi di terza grandezza sono collocate in modo da creare giochi cromatici di fioriture in primavera e autunno

The clumps of monospecies trees of small-medium height are positioned so as to create chromatic effects on blossoming in the spring and autumn

269

Nuovo Ikea Store Perugia

New Ikea Store Perugia

La nuova sede che Ikea realizzerà a Perugia su progetto dello studio Morasso si insedierà in un'area pianeggiante ai piedi della città. L'intervento di mitigazione ambientale, vincolato dai coni visivi costituiti dalla chiesa di San Pietro e dai giardini Carducci, mira a un coerente inserimento del complesso nel territorio. Partendo da un'attenta analisi delle specie presenti, le azioni in corso d'opera ne ripropongono forme, colori ispirati alle terre locali ed effetti materici. Fasce boscate di lecci, roverelle e ornielli si alternano a gruppi di graminacee, che individuano i percorsi principali, e a singoli esemplari di pini marittimi e pini domestici, in posizione tale da diventare riferimenti visivi. Filari discontinui di olivi spezzano la rigida geometria dei parcheggi, mentre prati di fiori selezionati gialli e blu – i colori del brand – incorniciano le aree parcheggio e l'edificio. Le tinte delle terre di diverse colorazioni compongono le aree di progetto, ispirandosi al tessuto e al cromatismo del contesto.

The site of the new Ikea store designed by studio Morasso is on flat ground beneath the town of Perugia. Given the visual constraints of the church of San Pietro and the Carducci gardens, the project to minimize environmental impact aims at blending the complex coherently into the surrounding territory. The operations underway are based on careful analysis of the species already present and draw inspiration from the forms, colours and physical reality of the surrounding countryside. Wooded strips of ilex, downy oak and manna ash alternate with grasses, which pick out the main pathways, and individual stone and cluster pines offering visual points of reference. Discontinuous rows of olive trees break up the rigid geometry of the parking areas and beds of selected yellow and blue flowers — the Ikea brand colours — frame the building and the car parks. The project areas are characterized by different earth hues in accordance with the colouring and fabric of their setting.

ATTACCO
ALL'ESISTENTE

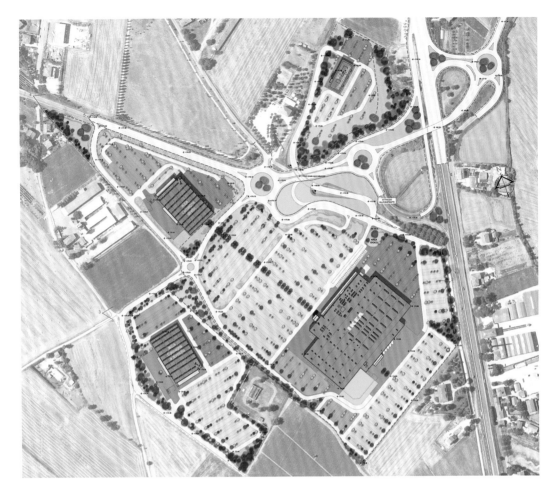

Il concept inziale, ispirandosi alle colorazioni del tessuto agricolo circostante, prevede l'utilizzo di cromatismi differenti nelle varie aree

The initial concept draws inspiration from the colouring of the surrounding farmland and envisages the use of different colours in the various areas

Riqualificazione dell'ex quartiere storico Fiera Milano

Proposta per progetto di mitigazione
CityLife

Redevelopment of the Old Milan Trade Fair District

A proposal for reducing environmental impact
CityLife

L'ex polo fieristico di Milano, realizzato in occasione dell'Esposizione Internazionale del 1906, consiste in un rettangolo di 600 x 540 metri di lato in cui si inserisce diagonalmente l'edificio del Portello. Oggi quasi completamente in disuso, l'area è stata oggetto di bando di gara, da parte dell'Ente Fiera, nel 2003, allo scopo di aggiudicare una nuova destinazione agli spazi non utilizzati e conseguentemente rivalutare l'intera zona, che ingloba un importante sistema di assi visivi e piazze che da piazza Giulio Cesare giunge sino a piazza Firenze.

Storicamente punto di estremo rilievo nell'urbanistica della città, l'area del progetto CityLife è adesso ripensata come polo cittadino dalle numerose funzioni e prevede abitazioni, edifici culturali e commerciali nonché una nuova viabilità in grado di connettere l'area di nuova progettazione al tessuto urbano, il tutto contestualizzato in un sistema di parchi e giardini, di nuova realizzazione o già esistenti.

Lo studio dell'architetto Pozzi ha preso parte, a partire dal 2008, a diverse consulenze e ha proposto progetti inerenti l'area, tra cui il sistema dei percorsi e la conseguente rivalutazione ambientale di piazza Giulio Cesare, degli adiacenti viali Cassiodoro, Berengario, Ezio e Belisario e dell'asse Spinola-Senofonte.

Gli interventi architettonici all'interno di CityLife vantano nomi dell'architettura mondiale come Daniel Libeskind, Zaha Hadid e Arata Isozaki, per i quali Patrizia Pozzi ha proposto la contestualizzazione ambientale e paesaggistica.

The old Milan Trade Fair complex was built for the International Expo of 1906 on a rectangular site of 600 x 540 metres into which the Portello building is embedded diagonally. As the complex is now almost completely abandoned, the Trade Fair organization held a call for tenders in 2003 with a view to converting the disused spaces and hence redeveloping the entire area, which incorporates an important system of visual axes and squares running from Piazza Giulio Cesare to Piazza Firenze.

Historically a point of the utmost importance in the city's layout, the area of the CityLife project is now being redesigned as a multifunctional urban centre with housing, cultural and commercial buildings, and a new road system connecting with the urban fabric, the whole in a setting of parks and gardens, either newly built or already existing.

The architect Patrizia Pozzi and her firm have been involved since 2008, also as consultants, proposing various projects regarding the area, including redevelopment of the zone of Piazza Giulio Cesare and surrounding avenues (Viale Cassiodoro, Berengario, Ezio and Belisario) and the axis of Via Spinola and Via Senofonte.

The CityLife project is developed by internationally renowned architects Daniel Libeskind, Zaha Hadid and Arata Isozaki, with whom Patrizia Pozzi has proposed work on relations with the environmental context and landscape.

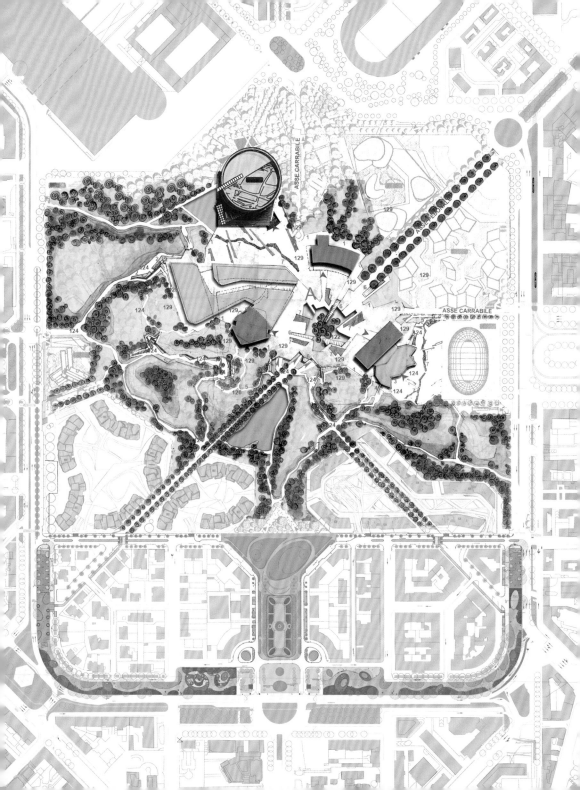

ASSE CARRABILE

ASSE CARRABILE

"Proposta progettuale per la piazza delle Tre Torri"
CityLife

"Project proposal for Piazza delle Tre Torri"
CityLife

Una grande piazza aperta, alla quota della piastra commerciale alla base dei tre grattacieli, si raccorda a diverse quote al parco circostante e, tramite un sistema di rampe e scale, appare come uno squarcio nel tessuto compatto di quest'ultimo, a enfatizzare la visuale dal basso delle tre torri che insistono sulla piazza. Il bordo della crepa, copertura del sottostante spazio commerciale, è movimentato da vasche verdi e vasche d'acqua. Al centro della piazza sottostante, un piccolo bosco ricorda la natura verde dell'area, altresì sottolineata dalla presenza di piante rampicanti e ricadenti sul fronte costruito della piastra.

A large open piazza at the level of the commercial centre beneath the three towers is connected with the surrounding park at different levels by a system of ramps and staircases to form a "gash" in its compact fabric. The edges of the gash, which form the roof of the commercial area below, are animated by green areas and ponds. A small grove of trees in the middle of the piazza below recalls the green character of the area, which is also emphasized by the presence of climbing plants that trail over the façade of the commercial centre.

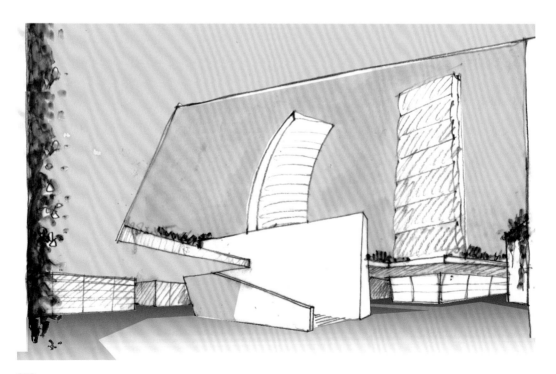

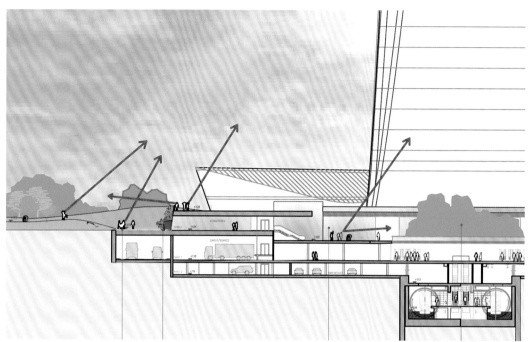

Sezioni di progetto
nell'intorno della piazza
delle tre torri
*Cross-sections
of the project in the area
around the piazza
with the three towers*

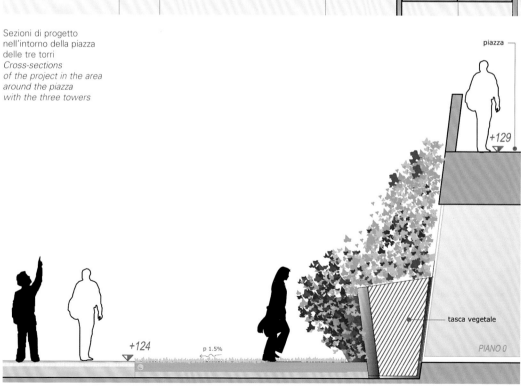

piazza

+129

tasca vegetale

PIANO 0

+124

p 1.5%

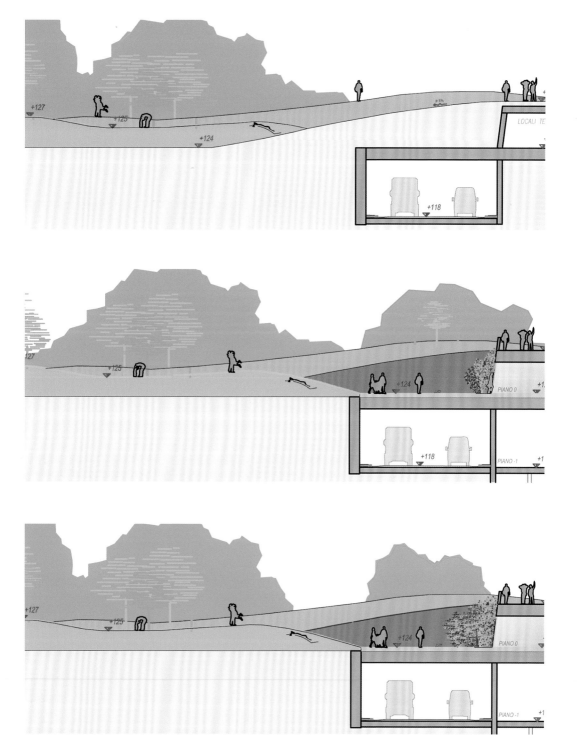

"Proposta per il piazzale Giulio Cesare"
CityLife

"Proposal for Piazzale Giulio Cesare"
CityLife

Punto nodale del progetto paesaggistico del PII CityLife, la piazza Giulio Cesare costituisce di fatto l'accesso principale all'area di nuovo intervento. Collocata nell'asse prospettico oggetto di vincolo paesaggistico, è caratterizzata dalla presenza della più grande fontana presente in città, oggi non più funzionante, opera del 1927 dell'architetto Gerla.

La proposta progettuale paesaggistica prevede quindi la rivalorizzazione di tale eredità artistica allo scopo di creare un'area di nuova aggregazione, sosta e incontro che giunge sino a Largo Africa e metta a sistema lo storico asse visivo di piazze e viali alberati con il nuovo progetto. Una "piazza" nella piazza restituirà valore alla fontana, contestualizzandola in un parterre di prato e pietra chiara tipo Istria che riprende le geometrie dei decori storici ora non più visibili; un sistema di ovali e onde collega questo spazio all'ingresso del futuro parco. Alle strade a doppia corsia attualmente sovradimensionate sarà sostituito un sistema di viabilità a sezione ridotta, adatto all'esigenza del quartiere, con marciapiedi a sezione più larga che ospitano aiuole di *Prunus Serrulata "Kanzan"*.

As the main point of access to the new CityLife area, Piazza Giulio Cesare plays a key role in terms of landscape design. Located on an environmentally protected perspective axis, it is characterized by the presence of the city's largest fountain, designed by the architect Gerla in 1927 and no longer operating today.

The proposed landscape design seeks to refurbish this item of artistic heritage so as to create a new area of social aggregation and interaction stretching as far as Largo Africa and redefining the historical visual axis of tree-lined avenues and piazzas in line with the new project. A "piazza within the piazza" will restore prominence to the fountain in the setting of a parterre of lawn and light-coloured stone of the Istria type that takes up the geometric patterns of the no longer visible historical urban furniture. A system of ovals and waves will connect this space to the entrance of the future park. The present oversized two-lane streets will be replaced with a system of narrow streets in line with the district's requirements and broader pavements with beds of Kanzan cherry trees.

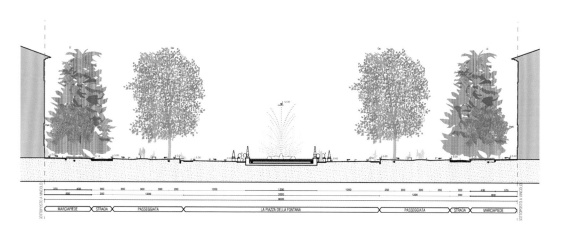

MARCIAPIEDE STRADA PASSEGGIATA LA PIAZZA DELLA FONTANA PASSEGGIATA STRADA MARCIAPIEDE

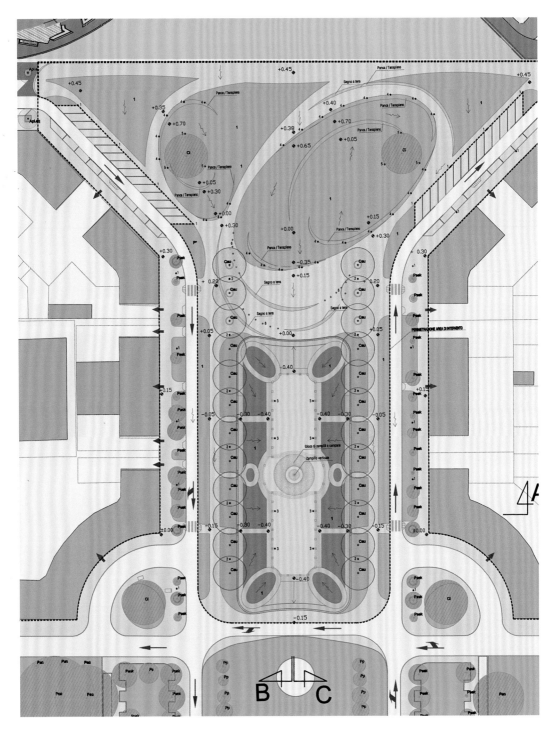

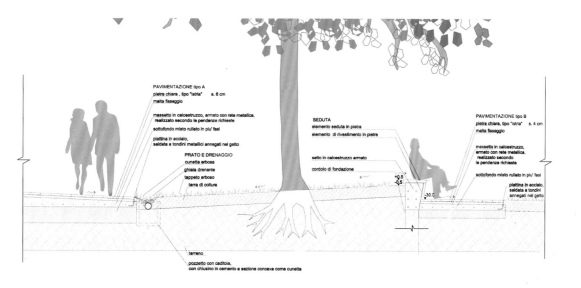

PAVIMENTAZIONE tipo A
pietra chiara , tipo "istria"   s. 6 cm
malta fissaggio

massetto in calcestruzzo, armato con rete metallica,
realizzato secondo le pendenze richieste

sottofondo misto rullato in piu' fasi

plattina in acciaio,
saldata a tondini metallici annegati nel getto

PRATO E DRENAGGIO
cunetta erbosa
ghiaia drenante
tappeto erboso
terra di coltura

SEDUTA
elemento seduta in pietra
elemento di rivestimento in pietra

setto in calcestruzzo armato
cordolo di fondazione

+0.5
-0.5

-30.0

PAVIMENTAZIONE tipo B
pietra chiara, tipo "istria"   s. 4 cm
malta fissaggio

massetto in calcestruzzo,
armato con rete metallica,
realizzato secondo
le pendenze richieste

sottofondo misto rullato in piu' fasi

plattina in acciaio,
saldata a tondini
annegati nel getto

terreno

pozzetto con caditoia,
con chiusino in cemento a sezione concava come cunetta

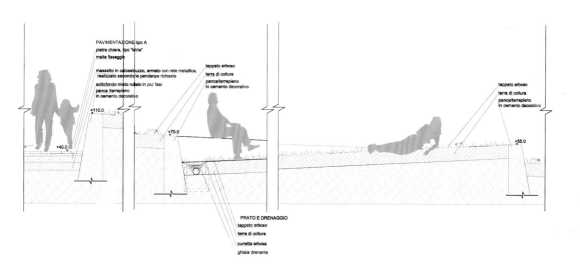

PAVIMENTAZIONE tipo A
pietra chiara, tipo "istria"
malta fissaggio

massetto in calcestruzzo, armato con rete metallica,
realizzato secondo le pendenze richieste

sottofondo misto rullato in piu' fasi
panca /terrapieno
in cemento decorativo

tappeto erboso
terra di coltura
panca/terrapieno
in cemento decorativo

tappeto erboso
terra di coltura
panca/terrapieno
in cemento decorativo

+110.0

+70.0

+40.0

+55.0

PRATO E DRENAGGIO
tappeto erboso
terra di coltura
cunetta erbosa
ghiaia drenante

Planimetria della proposta
di progetto per la piazza
Giulio Cesare
Plan of the project
proposed for Piazza
Giulio Cesare

Sezioni di dettaglio
della panca ovale incassata
nel verde
Detailed cross-sections
of the oval bench
embedded in the greenery

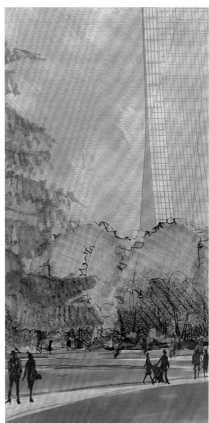

Schizzi di progetto
Sketches of the project

"Proposta per la riqualificazione ambientale dei viali Cassiodoro-Berengario-Ezio-Belisario"
CityLife

"Proposal for environmental redevelopment of Viale Cassiodoro, Viale Berengario, Viale Ezio and Viale Belisario"
CityLife

Immediatamente adiacenti alla piazza Giulio Cesare, i viali Ezio, Belisario, Cassiodoro e Berengario costituiscono il limite sud, sudovest e sudest dell'area CityLife. Questi grandi snodi viari non presentano attualmente una particolare qualità paesaggistica. Il progetto proposto dallo studio Pozzi ha quindi lo scopo di restituire a questo brano di città la qualità ambientale propria degli spazi adibiti a verde, ma anche degli spazi di sosta, di passaggio e di socializzazione. Il nuovo parterre fa proprio il doppio filare di platani già esistente per rafforzarlo con la presenza, sul lato che dà verso il quartiere, di cespugli bassi monospecie – o tappezzanti – a forma di ovali, e quinte di vegetazione con cespugli a forma libera come barriera visiva e antirumore verso i viali. La zona pedonale si sviluppa in percorsi – la cui sezione minima è 2,5 metri per consentire il passaggio dei mezzi di manutenzione – dalla forma sinuosa, che richiama-

Lying immediately adjacent to Piazza Giulio Cesare, Viale Cassiodoro, Viale Berengario, Viale Ezio and Viale Belisario constitute the south, southwest and southeast boundaries of the CityLife area. These major thoroughfares present no particular qualities at present as regards the urban landscape. The project proposed by the Pozzi firm is therefore designed to endow this section of the city with the environmental quality required not only for green areas but also places of social gathering and transit. The new parterre preserves the two existing rows of plane trees and strengthens them on the side closer to the district with oval beds of a single species of low bushes or ground cover and walls of vegetation consisting of freely shaped bushes acting as a visual and acoustic barrier with respect to the avenues. The pedestrian area is developed in winding pathways — with a minimum width of 2.5 metres to permit the circulation of maintenance vehicles — that re-

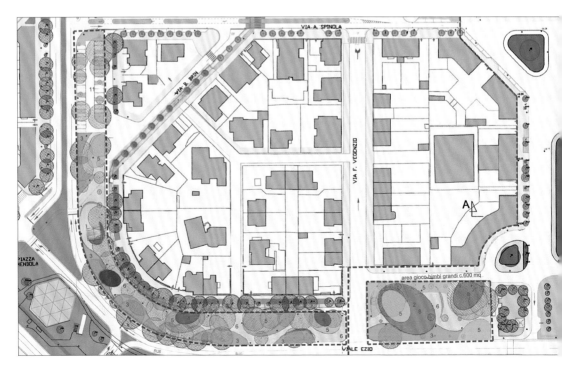

no gli ovali e le forme ellittiche delle decorazioni a pavimento che circondavano la fontana di piazza Giulio Cesare. L'intervento è così colto nella sua globalità mantenendo una propria coerenza formale. L'area, dotata di un nuovo impianto d'illuminazione notturna, alterna ai percorsi pedonali delle zone di sosta, pavimentate con cubetti in granito e fornite di sedute, delle aree per il gioco rivestite in gomma antitrauma e un'area recintata per cani. Le essenze scelte hanno lo scopo di creare armoniosi giochi cromatici anche grazie ai cambiamenti stagionali, tenendo sempre in considerazione l'isolamento acustico sul lato stradale. Un rapido accesso alla parte centrale del quartiere, e conseguentemente all'area di nuova costruzione, è garantita da attraversamenti pedonali trasversali. Aree parcheggio sono infine previste in corrispondenza delle zone di testata confinanti con via Spinola e via Senofonte.

call the ovals and the elliptical shapes of the decorations of the paving that once encircled the fountain in Piazza Giulio Cesare. The project thus attains globality while maintaining its own formal coherence. A new lighting system is installed and the pedestrian pathways of the stopping zones, paved with granite cubes and equipped with benches, alternate with play areas covered in anti-shock rubber and an enclosed area for dogs. The plants are chosen so as to create a harmonious interplay of colour, not least due to the changes in season, while blocking the noise on the street side. Pedestrian crossings ensure quick access to the central section of the district and hence to the area of new construction. There are also plans for parking areas in the zones bordering on Via Spinola and Via Senofonte.

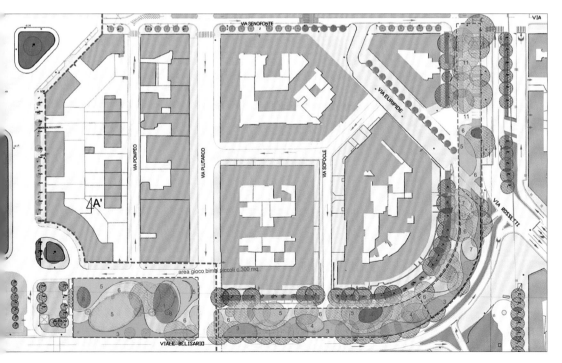

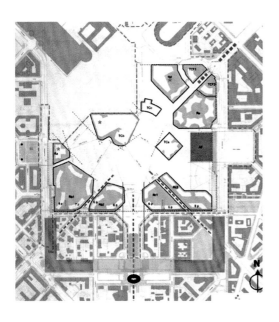

Inquadramento
generale dell'area
*General overview
of the area*

Planimetria di progetto
Plan of the project

Vista dell'area gioco bimbi,
tra i platani esistenti
*View of the children's
playground among
the existing plane trees*

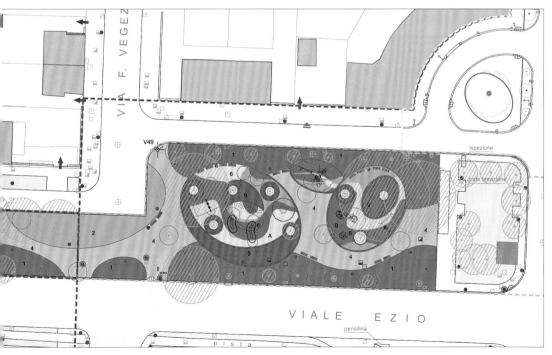

Confronto tra lo stato
di fatto e la proposta
di progetto
*Comparison of the present
situation and the project
proposal*

296

"Proposta per la riqualificazione ambientale delle vie Spinola e Senofonte"
CityLife

"Proposal for thc cnvironmental redevelopment of Via Spinola and Via Senofonte"
CityLife

Gli assi stradali di via Spinola e via Senofonte, attualmente sovradimensionati e privi di qualità ambientale, saranno ripensati come viali alberati, con sezione stradale ridotta e ampi marciapiedi con aiuole circolari di *Acer platanoides "Emerald Queen"*. Le corsie di circolazione saranno separate da una piantumazione continua di *Hypericum*. Su entrambi i lati delle carreggiate sono previsti parcheggi in linea.

Currently oversized and devoid of environmental quality, the thoroughfares of Via Spinola and Via Senofonte will be redesigned as tree-lined avenues with reduced road surface and broad pavements with circular beds of Emerald Queen Norway maple (*Acer platanoides*). The traffic lanes will be separated by an uninterrupted bed of St John's wort (*Hypericum*). Linear parking is envisaged on both sides of the carriageway.

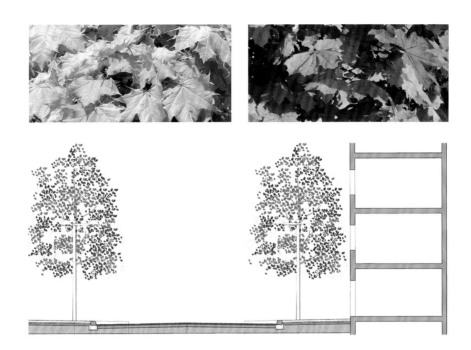

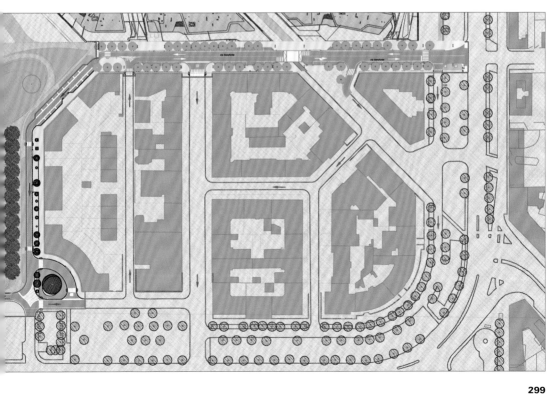

"Consulenza per il verde privato
residenze Hadid"
CityLife

"Consultancy for the private green areas
of the Hadid residential complex"
CityLife

Sul lato opposto rispetto al complesso residenziale di Daniel Libeskind, nella parte sudorientale dell'area CityLife, sorgeranno le residenze di Zaha Hadid. Le abitazioni, anch'esse immerse nel verde, sono dotate di giardini interni e di piano interrato destinato a parcheggio.

A seguito della richiesta di consulenza sul verde privato delle unità abitative, lo studio Pozzi ha proposto una selezione di specie vegetali tappezzanti dall'effetto monocromatico, sempreverdi, da utilizzare allo scopo di creare macchie di verde compatto e omogeneo sui rilevati di progetto.

Tra le proposte, l'*Ophiopogon planiscapus "Nigrescens"*, il cui colore predominante è il nero, o l'*Houttuynia*, dal colore predominante rosa, o ancora *Carex evergold*, dalla colorazione gialla, e *Sedum spurium Fulda Glow "atropurpureum"*, dal color vinaccia.

The residential complex designed by Zaha Hadid will be located opposite to the Libeskind complex in the southeast section of the CityLife area. Again embedded in greenery, the apartment blocks are equipped with internal gardens and basement garages.

Called in as consultants for the private green areas of the residential units, Patrizia Pozzi and her firm have proposed a selection of evergreen ground-cover species with a monochromatic effect serving to create areas of compact, homogeneous greenery on the raised sections of the project.

The plants suggested include black mondo grass (*Ophiopogon planiscapus "Nigrescens"*), pink houttuynia, yellow Japanese sedge (*Carex oshimensis "evergold"*), from the yellow coloration, and reddish stonecrop (*sedum spurium fulda glow "atropurpureum"*).

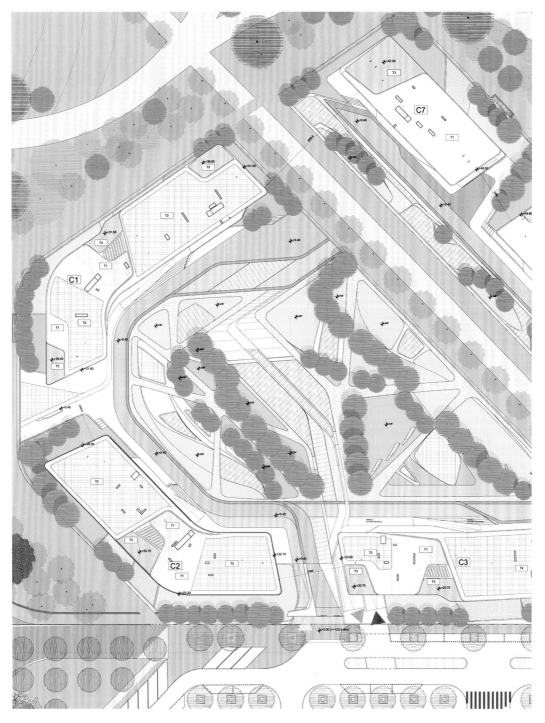

"Consulenza per il verde privato residenze Libeskind"
CityLife

"Consultancy for the private green areas of the Libeskind residential complex"
CityLife

All'interno del quadrilatero che delimita l'area dell'ex Fiera, sul lato sudoccidentale introdotto da largo Africa, sorgerà il complesso residenziale progettato da Daniel Libeskind. Le abitazioni, immerse nel verde, sono dotate di giardini interni e di piano interrato destinato a parcheggio. A seguito di una richiesta di consulenza sul verde privato delle abitazioni, Patrizia Pozzi ha proposto un progetto d'esterni che riprendesse linee e forme del progetto architettonico, con l'utilizzo di ciliegi ornamentali da inserire in macchie ampie e compatte, monospecie, di graminacee (*Miscanthus sinensis "Zebrinus", Miscanthus sinensis "Variegatus", Stipa Tenuissima, Polygonum persicaria, Polygonum affine*).

The residential complex designed by Daniel Libeskind will be located inside the quadrilateral boundary of the old Trade Fair area on the southwest side commencing with Largo Africa. Embedded in greenery, the apartment blocks are equipped with internal gardens and basement garages. Called in as consultants for the private green areas of the residential units, Patrizia Pozzi and her firm have developed a plan for exteriors that takes up the lines and shapes of the architectural design with the use of ornamental cherry trees set in large, compact beds holding one species of grass plant, such as zebra grass (*Miscanthus sinensis "Zebrinus"*), variegated maiden grass (*Miscanthus sinensis "Variegatus"*), Mexican feather grass (*Stipa tenuissima*), redshank (*Polygonum persicaria*) and knot weed (*Polygonum affine*).

"Proposta per nuovo ingresso aeroporto di Linate"

"Proposal for a new entrance to Linate Airport"

Il progetto del nuovo ingresso dell'aeroporto di Linate, Terminal Partenze, fa parte della serie d'interventi previsti dal più ampio progetto di riqualificazione complessiva del terminal proposta dallo studio Beretta Associati. L'area spartitraffico d'ingresso all'aeroporto viene ripensata come un'opera d'arte totale, ispirata alle grandiose opere americane di Land Art: una lunga fascia tripartita adibita a verde, chiara, diretta, inequivocabile. Delle lettere scolpite, irregolari e incastrate nel terreno, compongono una semplice parola, sei lettere di benvenuto: Milano.

The plan for a new entrance to the departures terminal of Linate airport is part of a series of operations envisaged within the broader project for the overall redevelopment of the terminal proposed by Studio Beretta Associati. The great works of American Land Art provide inspiration for rethinking the traffic island at the entrance to the airport as a total artwork: a long three-part strip of greenery, clear, direct and unequivocal. Uneven letters carved and embedded in the ground will make up a simple six-letter word of welcome: Milano.

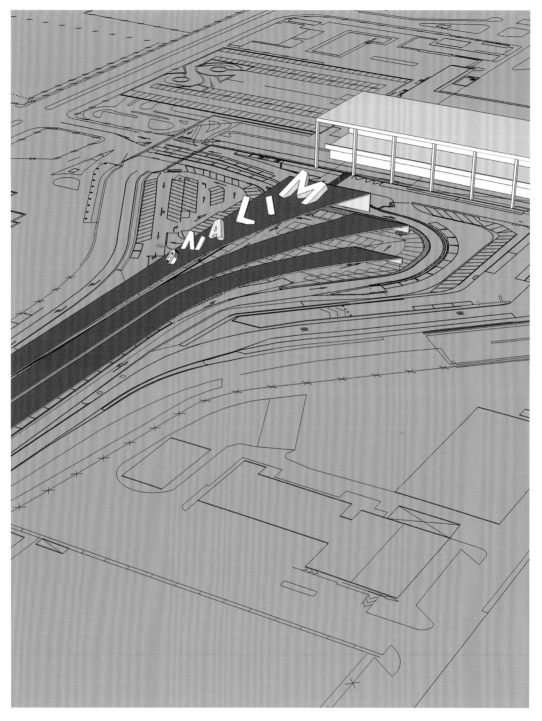

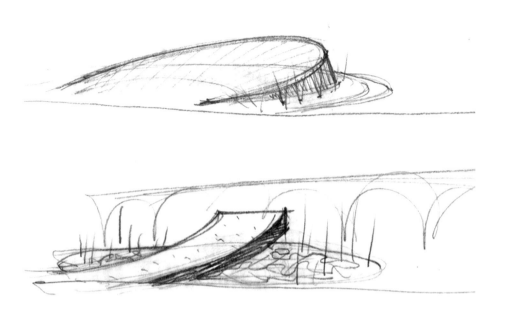

Crediti dei progetti / Project credits

1
Nuovo complesso "Vodafone Village" / New "Vodafone Village" complex
Aree verdi e giardino fotovoltaico con certificazione LEED / Green areas and photovoltaic garden with LEED certification
Quartieri Affari
Milano, Lorenteggio
2010 - in progress
Progetto aree verdi / Green area design
Patrizia Pozzi
Progetto architettonico / Architectural design
Rolando Gantes
Roberto Morisi
Direzione lavori / Supervisor of works
Tiziano Tagliabue
Imprese costruttrici / Construction firms
C.S.C. Spa
Ediltecno Restauri Srl
Agronomo / Agronomist
Ernesto Mistrangelo
Impresa aree verdi / Green areas
HW Style
Committenza e proprietà / Client and owner
Real Estate Center Srl
Via Robert Koch 1.2, Milano
Area intervento / Site area
9000 m²

2
Golf Club Bogogno "La Foresteria" / "La "Foresteria" Bogogno Golf Club
2010 - in progress
Progetto paesaggistico / Landscape design
Patrizia Pozzi
Progetto architettonico / Architectural design
Polis Engineering
Direzione lavori / Supervisor of works

Polis Engineering
Impresa Loggia Srl
Scavi - Movimenti terra / Excavation - Earthmoving
SIAF srl
Opere a verde / Green works
Floricoltura Lago Maggiore
Agronomo / Agronomist
Ernesto Mistrangelo
Committenza / Clients
Golfmarc Spa
Lantero Srl
Area intervento / Site area
18.000 m²

3
Landscape per un nuovo porto in Albania / Landscape for a new harbour in Albania
Albania
2004 - realizzato / completed
Progetto paesaggistico e architettonico / Landscape and architectural design
Patrizia Pozzi
Progetto esecutivo / Working plans
ENERECO engineering and service
Progetto delle acque e opere marittime / Design of maritime and water-related works
IDROTEC
Opere edili e progetto strutturale / Construction work and structural design
Gruppo Acmar
Opere elettriche / Electrical works
CEMI srl
Lighting design
Black Out
Committenza / Client
Gruppo PIR, importante operatore della logistica portuale che sostiene concretamente il gusto del bello nella cultura aziendale / PIR Group, a major corporation in harbour

logistics lending concrete support to the taste for beauty in business culture
Area intervento / Site area
40.000 m²
Selezionato ed esposto al Concorso Internazionale "VI Biennale Europea del Paesaggio di Barcellona", 2010 / Selected for and exhibited at the 6th Barcelona European Landscape Biennial, in 2010

4
Nidi d'uomo / Nests for humans
Evento Fuori Salone del Mobile / Event in conjunction with the "Fuori Salone" Design Week
Milano
Aprile / April 2008
Concept, progetto paesaggistico e scenografico / Concept and landscape and scenic design
Patrizia Pozzi
Angelo Jelmini /
AAAAHHHAAA
Flower designer
Donna Brown
Food designer
Alfonso Montefusco
Scultore / Sculptor
Atelier Forte - Duilio Forte
Main sponsor
Ingegnoli, Casma Involucri Edilizi, Trend, Bosch
Organizzazione / Organization
SA.SA. Eventi Speciali
Produzione
Ammatamma
Committenza / Client
Milano Green Project

5
Nuovo Ikea Store Catania / New Ikea Store in Catania "il fico"
Catania
2010 - realizzato / completed
Progetto paesaggistico / Landscape design
Patrizia Pozzi
Progetto architettonico / Architectural design
Studio Morasso con Studio Architerra
Agronomo / Agronomist
Architerra - Lara Rigucci
Rendering
Studio Digitalshape - Luca Carella
Direzione Lavori / Supervisor of works
Studio Sansiviero - Francesco Sansiviero
Committenza / Client
Ikea
Area intervento / Site area
80.000 m²

6
Recupero di un parco storico / Refurbishment of a historical park "il giglio"
Norditalia, Lombardia / Northern Italy, Lombardy
2003-2006 realizzato / completed
Progetto paesaggistico / Landscape design
Patrizia Pozzi
Agronomo / Agronomist
Ernesto Mistrangelo
Mosaici e marmi / Mosaics and marble
Fantini Mosaici
Opere a verde / Green works
HW Style
Opere in salice intrecciato / Works of interwoven willow rods Salix
Committenza / Client
Privato / Private
Area intervento / Site area
10.500 m²

7
Nuovo complesso residenziale / New residential complex I giardini sospesi "l'acero"
Area ex SKF, Varese
2010 - in progress
Progetto paesaggistico / Landscape design
Patrizia Pozzi
Progetto architettonico / Architectural design
Studio Capelli Architettura & Associati
Committenza / Client
Fimgroup
Area intervento / Site area
11.000 m²

8
Festival dell'arte topiaria / Topiary festival "la magnolia"
Lucca
2001
Progetto paesaggistico / Landscape design
Patrizia Pozzi
Paola Gerosa
Scultore / Sculptor
Simon Benetton
Lighting design
Black Out
Opere a verde / Green works
Hortensia srl
Committenza / Client
Grandi Giardini Italiani
in collaborazione con
Martini & Rossi

9
Sui tetti a Milano / On the rooftops of Milan "il gelsomino"
Corso Magenta
Milano
2011 - in progress
Landscape degli spazi esterni / Landscaping of external areas
Patrizia Pozzi
Progetto architettonico
Architectonic design
Renzo Meneghello
Decoratore / Decorator
Massi Fulvio
Interior Design
Tami Coen
Lighting design
Black Out
Opere a verde / Green works
Rattiflora snc

Committenza / Client
Privato / Private
Area intervento / Site area
150 m²

10
Tavolino per esterni e interni / Table for indoors and outdoors "Fior di Loto"
2011
Design
Patrizia Pozzi
Produttore e distributore / Manufacturer and distributor
Ad Maiora

11
Linea di mobili per esterni e interni / Line of indoor and outdoor furniture "Radici"
2009
Design
Patrizia Pozzi
Produttore e distributore / Manufacturer and distributor
De Castelli Srl

12
Tavolino per esterni e interni / Table for indoors and outdoors "Alice"
prototipo / prototype
2012
Design
Patrizia Pozzi
Tavolino in materiale lapideo / Table of stone materials
Produttore e distributore / Manufacturer and distributor
UpGroup Srl

13
Luce a led per esterni e interni, pieghevole / Flexible LED lamp for indoors and outdoors "Ramètt"
2011
Design
Patrizia Pozzi
Produttore e distributore / Manufacturer and distributor
Ad Maiora

14
Nel giardino botanico "Alpinia" / In the "Alpinia" botanical garden "Nidi / Nests"
Stresa (Verbania)
Manifestazione / Event
Settembre / September
2008
Progetto / Design
Patrizia Pozzi
con / with Salici intrecciati di Anna Patrucco – Salix
Sponsor
Domus Academy

15
Linea di mobili in erba sintetica per esterni e interni / Line of furniture in synthetic grass for indoors and outdoors "Gastone e Olivia"
2010
Design
Patrizia Pozzi
Produttore e distributore / Manufacturer and distributor
Evergreentown Italia srl

16
Orticola mostra mercato 2004 / Orticola show & market 2004
Milano
2004
Progetto allestimento / Installation design
Patrizia Pozzi
Angelo Jelmini/
AAAHHHAAA
Opere a verde / Green works
Rattiflora
Arredo per giardini in verde artificiale / Artificial green garden furniture
Landscape Furniture
Committenza / Client
Orticola di Lombardia

17
Ciottoli per esterni e interni in resina 2004 / Pebbles of synthetic resin for indoors and outdoors "Flinstone"
2004
Design
Patrizia Pozzi
Produttore e distributore / Manufacturer and distributor
Serralunga

18
Panca corallo per esterni / Coral bench for outdoors "Nautilus"
2006
Design
Patrizia Pozzi
Angelo Jelmini
Produttore e distributore / Manufacturer and distributor
Serralunga

19
Poltrona per interni ed esterni in rami di salice intrecciati / Armchair of interwoven willow rods for indoors and outdoors "Fedora"
2006
Design
Patrizia Pozzi
Produttore e distributore / Manufacturer and distributor
Salix

20
In una proprietà storica/ In the grounds of a historical villa
Norditalia / Northern Italy, Bergamo
2005 realizzato / completed
Progetto paesaggistico / Landscape design
Patrizia Pozzi
Opere edili / Construction work
F.lli Bettoni
Mosaici e marmi / Mosaics and marble
Fantini Mosaici
Opere a verde / Green works
HW Style
Opere in salice intrecciato / Works of interwoven willow rods Salix
Committenza / Client
Privato
Area intervento / Site area
300 m²

21
Nuova sede / New headquarters L'Oréal Italia
Norditalia / Northern Italy, Milano
2003 - realizzato / completed
Progetto paesaggistico /

Landscape design
Patrizia Pozzi
*Progetto architettonico /
Architectural design*
Studio Beretta Associati Srl
*Opere a verde / Green
works*
HW Style
Committenza / Client
Investitore: Doughty
Hanson & Co Real Estate
Developer: Europa Risorse
srl
realizzato per L'Oréal Italia
Area intervento / Site area
2500 m²

22
**Landscape per le torri
Stella al Portello /
Landscape for the Stella
towers, Portello**
Norditalia / Northern Italy,
Milano
2007 - in progress
*Progetto paesaggistico /
Landscape design*
Patrizia Pozzi
*Progetto architettonico /
Architectural design*
Dini Architettura Associati
*Direzione lavori / Supervisor
of works*
Simona Scalatelli
*Opere a verde / Green
works*
HW Style
Committenza / Client
Torri Stella
Area intervento / Site area
3600 m²

23
**Corridoio vegetale per la
nuova sede Ras / Green
corridor for the new Ras
headquarters**
Norditalia / Northern Italy,
Milano
2009 - realizzato /
completed
*Progetto paesaggistico /
Landscape design*
Patrizia Pozzi
*Progetto architettonico /
Architectural design*
Studio Beretta Associati Srl
Opere a verde / Green works
HW Style
Committenza / Client
RAS Immobili
Area intervento / Site area
600 m²

24
**La corte di un palazzo
storico / A courtyard
of a historical building**
Via Borgospesso, Milano
2009 - realizzato /
completed
*Progetto paesaggistico /
Landscape design*
Patrizia Pozzi
*Progetto architettonico /
Architectural design*
DiNi Architettura Associati
Srl
*Opere a verde / Green
works*
HW Style
Committenza / Client
Privato / Private
Area intervento / Site area
500 m²

25
**In una corte del
Cinquecento / In
a sixteenth-century
courtyard**
Norditalia, San Colombano /
Northern Italy, San
Colombano
Lombardia
2001- in progress
*Progetto paesaggistico e
architettonico / Landscape
and architectural design*
Patrizia Pozzi
Agronomo / Agronomist
Ernesto Mistrangelo
Committenza / Client
Privato / Private
Area intervento / Site area
1000 m²

26
**Kitchen garden "Fuori
Salone del Mobile 2006"**
Installazione per Mondadori
"Villegiardini", in occasione
del "Fuori Salone" Design
Week / Installation for
Mondadori "Villegiardini" in
conjunction with the "Fuori
Salone" Design Week
presso / at Fratelli Ingegnoli
Milano
2006 - realizzato /
completed
*Concept, progetto
paesaggistico e
scenografico / Concept and
landscape and scenic
design*
Patrizia Pozzi
Angelo Jelmini /
AAAHHHAAA

Flower designer
Donna Brown
Food designer
Alfonso Montefusco
Main sponsor
Fratelli Ingegnoli, Milano
Sponsor
Boffi, Digital, Eclettis, Ing.
Castaldi Illuminazione,
International Slate
Company, Missoni Home,
Officina dei Giardini, NEFF,
Serralunga, Wedgwood
Committenza / Client
Mondadori

27
**Sede Fantini Mosaici,
Milano / Headquarters
Fantini Mosaici, Milano**
Norditalia / Northern Italy,
Milano
2000 - realizzato /
completed
*Progetto paesaggistico e
architettonico / Landscape
and architectural design*
Patrizia Pozzi
Lighting design
Black Out
*Mosaici e marmi / Mosaics
and marble*
Fantini Mosaici
*Opere edili / Construction
work*
Fantin Impresa
Committenza / Client
Privato / Private
Area intervento / Site area
1500 m²

28
Location Patrizia Pozzi
Milano
2011
*Progetto architettonico /
Architectural design*
Patrizia Pozzi
*Progetto illuminazione /
Lighting design*
Black Out
*Opere edili / Construction
work*
Sice Previt
F.lli Bettoni srl
*Progetto strutturale /
Structural design*
Bruno Finzi
Committenza / Client
Privato / Private
Area intervento / Site area
120 m²

29
**Quinte in giardino /
Garden scenery**
Veneto, Treviso
2004 - realizzato /
completed
*Progetto paesaggistico /
Landscape design*
Patrizia Pozzi
Lighting design
Pollice Illuminazione
*Opere a verde / Green
works*
HW Style
Committenza / Client
Privato / Private
Area intervento / Site area
5000 m²

30
**In costa sarda / On the
Sardinian Coast**
Sardegna, Arzachena
2011
*Architettura del verde /
Greenery architecture*
Patrizia Pozzi
*Progetto architettonico /
Architectural design*
Studio di Architettura Luca
Scacchetti
*Progetto illuminazione /
Lighting design*
Cannata&Partners
*Opere edili / Construction
work*
Bortoluzzi Celeste srl
Impianti / Systems
BDP Impianti
Committenza / Client
Privato / Private
Area intervento / Site area
4000 m²

31
**Giardino marino / Marine
garden**
Installazione-evento
in occasione del "Fuori
Salone" Design Week
e della Mostra mercato
"Orticola" 2006 /
Installation - event in
conjunction with the "Fuori
Salone" Design Week and
the Orticola Show and
Market, 2006
Milano
2006
*Concept, progetto
scenografico / Concept
and scenic design*
Patrizia Pozzi
Angelo Jelmini /
AAAHHHAAA

*Fotografie subacquee /
Underwater photographs*
Davide Forti
Sponsor
Blackout - Lighting design
Fantini Mosaici - mosaici e
*marmi / mosaics and
marble*
HW Style - opere a verde /
green works
"Album" - luci / lights
Icona - grafica digitale /
digital graphics
Officina dei giardini - serra /
greenhouse
Serralunga - vasi / pots
Ron Arada - vasi / pots
Committenza / Client
Patrizia Pozzi

32
**Nel nord della Sardegna /
In the north of Sardinia**
Sardegna, Baia Sardinia
2010 - realizzato /
completed
*Progetto paesaggistico /
Landscape design*
Patrizia Pozzi
*Opere a verde / Green
works*
Vivaio Sarda Green Point
Committenza / Client
Privato / Private
Area intervento / Site area
10.000 m²

33
**In Sicilia, davanti alle
Eolie / In Sicily, facing the
Aeolian Islands**
Suditalia, Sicilia / Southern
Italia, Sicily
2003
*Progetto paesaggistico /
Landscape design*
Patrizia Pozzi
*Progetto architettonico /
Architectural design*
Vincenzo Melluso
*Opere a verde / Green
works*
Agriflor F.lli Musarro
*Opere edili / Construction
work*
F.lli Micciulla
Impianti / Systems
L. Di Falco e G. Falzea
Lighting design
Black Out
Committenza / Client
Privato / Private
Area intervento / Site area
3500 m²

34
**Riforestazione del
"Dominio di Bagnoli" /
Reforestation of the
"Dominio di Bagnoli"**
Norditalia, Padova /
Northern Italy, Padua
2000 - realizzato /
completed
*Progetto paesaggistico /
Landscape design*
Patrizia Pozzi
Committenza / Client
Dominio di Bagnoli
Area intervento / Site area
55.000 m²
*Selezionato ed esposto
al Concorso Internazionale
"V Biennale Europea del
Paesaggio di Barcellona",
2009 / Selected for and
exhibited at the 5th
Barcelona European
Landscape Biennial, 2009*

35
**Il parco storico
dell'Alemagna / The
historical Alemagna park**
Norditalia, Macherio /
Northern Italy, Macherio
1990 - in progress
*Progetto paesaggistico /
Landscape design*
Patrizia Pozzi
*Progetto scenografico /
Scenic design*
Mario Garbuglia
Scultore / Sculptor
Simon Benetton
Agronomo / Agronomist
Giacomo Tiraboschi
Lighting design
Black Out
*Opere edili / Construction
work*
Bergamelli
*Mosaici e acciottolati /
Mosaics and pebbling*
Fantini Mosaici
*Opere a verde / Green
works*
Società Immobiliare
*Giardini d'inverno / Winter
gardens*
Officina dei giardini
*Marmi e pietre / Marble
and stone*
Santarelli
Committenza / Client
Società privata / Private
company
Area intervento / Site area
25.000 m²
Selezionato ed esposto al

*Concorso Internazionale
"IV Biennale Europea
del Paesaggio
di Barcellona", 2008 /
Selected for and exhibited
at the 4th Barcelona
European Landscape
Biennial, 2008*

36
**Tra architettura e natura /
Between architecture
and nature**
Norditalia, Lombardia /
Northern Italy, Lombardy
2004 realizzato / completed
*Progetto paesaggistico e
architettonico / Landscape
and architectural design*
Patrizia Pozzi
Lighting design
Black Out
*Opere edili / Construction
work*
Impresa SO.E.CO.
*Mosaici e marmi / Mosaics
and marble*
Fantini Mosaici
*Opere a verde / Green
works*
HW Style
Piante Spertini Laveno,
Committenza / Client
Privato / Private
Area intervento / Site area
2100 m²

37
**Lungo la Martesana /
Along the Martesana**
Norditalia / Northern Italy,
Milano
2000 - realizzato /
completed
*Progetto paesaggistico e
architettonico / Landscape
and architectural design*
Patrizia Pozzi
Sonia Calzoni
Lighting design
Pollice Illuminazione
*Opere edili / Construction
work*
Fantin Impresa
*Mosaici e marmi / Mosaics
and marble*
Fantini Mosaici
*Opere a verde / Green
works*
Piante Spertini Laveno
Committenza / Client
Privato / Private
Area intervento / Site area
1000 m²

38
**Nuovo complesso
residenziale a Milano /
New residential complex
in Milan**
Norditalia / Northern Italy,
Milano
2000 - realizzato /
completed
*Progetto paesaggistico e
architettonico / Landscape
and architectural design*
Patrizia Pozzi
Lighting design
Black Out
*Mosaici e marmi / Mosaics
and marble*
Fantini Mosaici
*Opere edili / Construction
work*
Fantin Impresa
Committenza / Client
Privato / Private
Area intervento / Site area
800 m²

39
**Kitchen garden "Fuori
Salone del Mobile 2007"**
Installazione-evento per
Mondadori "Villegiardini",
in occasione del "Fuori
Salone" Design Week /
Installation for Mondadori
"Villegiardini", on the
occasion of the "Fuori
Salone" Design Week
presso / at Fratelli Ingegnoli
Milano
2007
*Concept, progetto
paesaggistico e
scenografico / Concept
and landscape and scenic
design*
Patrizia Pozzi
Angelo Jelmini/
AAAHHHAAA
Flower designer
Donna Brown
Food designer
Alfonso Montefusco
Main sponsor
Fratelli Ingegnoli Milano,
Lagostina, NEFF, Quarella
*Organizzazione /
Organization*
SA.SA. Eventi Speciali
Produzione / Production
Ammatamma
Committenza / Client
Mondadori

40
Nell'orto frutteto di un parco storico / In the vegetable garden and orchard of a historical park
Norditalia, Lombardia / Northern Italy, Lombardy
2004 - realizzato / completed
Progetto paesaggistico e architettonico / Landscape and architectural design
Patrizia Pozzi
Agronomo / Agronomist
Ernesto Mistrangelo
Opere edili / Construction work
Impresa SO.E.CO.
Vasi colorati in resina / Coloured pots of synthetic resin
Madame Pot
Opere a verde / Green works
Piante Spertini Laveno
Committenza / Client
Privato / Private
Area intervento / Site area
11.000 m²

41
Tra architetture vegetali mediterranee / Among works of Mediterranean plant architecture
Norditalia, Lombardia / Northern Italy, Lombardy
2004 - realizzato / completed
Progetto paesaggistico / Landscape design
Patrizia Pozzi
Committenza / Client
Privato / Private
Area intervento / Site area
7500 m²

42
Giardino d'inverno nel parco di Villa Belvedere / Winter garden in the grounds of the Villa Belvedere
Norditalia, Lombardia / Northern Italy, Lombardy
2005 - realizzato / completed
Progetto paesaggistico e architettonico / Landscape and architectural design
Patrizia Pozzi
Serra / Greenhouse
Officina dei Giardini
Opere a verde / Green works
Radaelli

Arredi in rattan / Rattan furnishings
Nella Longari
Committenza / Client
Società privata / Private company
Area intervento / Site area
900 m²

43
Parterre vegetale per uffici / Planted parterre for offices
Lombardia / Lombardy, Milano
2007 - in progress
Progetto paesaggistico / Landscape design
Patrizia Pozzi
Progetto architettonico / Architectural design
Studio Beretta Associati Srl
Committenza / Client
Galotti SpA Promozione e sviluppo immobiliare
Area intervento / Site area
5400 m²

44
Nuove residenze sul lago / New residences on the lake
Norditalia, Campione d'Italia / Northern Italy, Campione d'Italia
2003 - in progress
Progetto paesaggistico e architettonico / Landscape and architectural design
Patrizia Pozzi
Committenza / Client
Società / Company
Area intervento / Site area
50.000 m²

45
Un giardino in Costa Smeralda / A garden on the Costa Smeralda
Isole, Sardegna / Sardinia
2000 - realizzato / completed
Progetto paesaggistico / Landscape design
Patrizia Pozzi
Opere a verde / Green works
Azara & Ruzittu s.n.c.
Progetto architettonico / Architectural design
Luigi Vietti
Committenza / Client
Privato / Private
Area intervento / Site area
2000 m²

46
Un borgo in Toscana sui colli / A hilltop town in Tuscany
Centritalia, Toscana / Central Italy, Tuscany
2003 - realizzato / completed
Progetto paesaggistico / Landscape design
Patrizia Pozzi
Lighting design
Black Out
Opere a verde / Green works
Euroambiente
Committenza / Client
Privato / Private
Area intervento / Site area
2100 m²

47
All'interno della costa sarda / Interior of the Sardinian coast
Sardegna, Arzachena
2011
Architettura del verde / Greenery architecture
Patrizia Pozzi
Progetto architettonico / Architectural design
Studio di Architettura Luca Scacchetti
Progetto illuminazione / Lighting design
Studio Cimino
Impianti / Systems
Gattermayer srl
Committenza / Client
Privato / Private
Area intervento / Site area
4000 m²

48
Un giardino sul lago Maggiore / A garden on lake Maggiore
Stresa
2010 - realizzato / completed
Progetto paesaggistico / Landscape design
Patrizia Pozzi
Progetto architettonico / Architectural design
Giacomo Prini
Agronomo / Agronomist
Ernesto Mistrangelo
Opere edili / Construction work
F.lli Bettoni
Lighting design
Black Out
Opere a verde / Green works
HW Style

Committenza / Client
Privato / Private
Area intervento / Site area
6000 m²

49
"Il biolago" / "Biolake Golf Club Bogogno"
Bogogno
2010 - in progress
Progetto architettonico e paesaggistico / Architectural and landscape design
Patrizia Pozzi
Direzione lavori / Supervisor of works
Polis Engineering
Realizzazione biolago / Biolake construction
Umor Acqueo
Opere a verde / Green works
Floricoltura Lago Maggiore
Impresa edile - Movimenti terra / Construction firm - Earthmoving
SIAF Srl
Agronomo / Agronomist
Ernesto Mistrangelo
Lighting design
Black Out
Committenza / Client
Lantero Srl
Area intervento / Site area
18.400 m²

50
"La corte della cascina Bonora" / "Courtyard of the Bonora farmhouse"
Golf Club Bogogno
Bogogno
2010
Progetto paesaggistico / Landscape design
Patrizia Pozzi
Progetto architettonico / Architectural design
Andrea Lapasini Pandozy
Opere edili / Construction work
CMB
Opere a verde / Green works
Floricoltura Lago Maggiore
Agronomo / Agronomist
Ernesto Mistrangelo
Opere di drenaggio della corte / Draining of courtyard
SEIC verde pensile
Committenza / Client
Lantero Srl
Area intervento / Site area
1800 m²

51
"Le piscine" /
"Swimming pools"
Golf Club Bogogno
Bogogno
2010 - in progress
Progetto architettonico
e paesaggistico /
Architectural and landscape
design
Patrizia Pozzi
Direzione lavori / Supervisor
of works
Polis Engineering
Impianti / Systems
Rain SpA
Strutturista / Structural
engineering
Biscottini e Mollica
Impresa edile - Movimenti
terra / Construction firm -
Earthmoving
SIAF Srl
Opere a verde / Green
works
Floricoltura Lago Maggiore
Agronomo / Agronomist
Ernesto Mistrangelo
Committenza / Client
Lantero Srl
Area intervento / Site area
6000 m²

52
"Borgo Fornace"
Golf Club Bogogno
Bogogno
2011 - in progress
Progetto paesaggistico e
area fornace / Landscape
design and furnace area
Patrizia Pozzi, Paola Gerosa
Progetto urbanistico /
Urbanization design
Studio D'Amico
Progetto architettonico /
Architectural design
M2P Associati
Agronomo / Agronomist
Ernesto Mistrangelo
Committenza / Client
Lantero Srl
Area intervento / Site area
56.000 m²

53
Mitigazione di un nuovo
impianto di betonaggio
e asfalti / Reducing
the environmental
impact of a new
concrete and asphalt
plant
Arcore
2009 - in progress

Progetto architettonico
e paesaggistico /
Architectural and landscape
design
Patrizia Pozzi
Consulente legale / Legal
consultant
Umberto Grella
Progetto strutturale,
viabilità e fognature /
Structural design, street
and sewer sytem
Inge Service
Studio geologico e
valutazioni ambientali /
Geological survey and
environmental assessment
Lithos
Coordinamento sicurezza
e prevenzione incendi /
Safety and fire prevention
Studio Tecnico Redaelli
Progetto impianto
di produzione conglomerati
bituminosi / Design
of production plant for
bitumen conglomerates
Marini Fayat Group
Progetto impianto
di betonaggio / Design
of cement production plant
e-transfer - progetto
impianto fotovoltaico /
e-transfer / Design
of photovoltaic system
Ocmer Grandi Impianti
Committenza / Client
F.lli Doneda Srl
Area intervento / Site area
12.000 m²

54
Il nuovo campus
Mediaset / New Mediaset
campus
Cologno Monzese
2009 - in progress
Progetto paesaggistico /
Landscape design
Patrizia Pozzi
Progetto architettonico /
Architectural design
Axistudio srl
Progetto strutturale /
Structural design
Bcube srl
Committenza / Client
Mediaset
Area intervento / Site area
30.000 m²

55
Nuovo Ikea Store
Perugia / New Ikea store
Perugia
Perugia
2010 - in progress
Progetto paesaggistico /
Landscape design
Patrizia Pozzi
Progetto architettonico /
Architectural design
Studio Morasso
Luca Del Furia
Committenza / Client
IKEA
Area intervento / Site area
218.000 m²

56
CityLife: riqualificazione
dell'ex quartiere storico
Fiera Milano /
Redevelopment of the old
Milan Trade Fair District
"Proposta progettuale
per la piazza delle Tre
Torri" / "Project proposal
for Piazza delle Tre Torri"
Milano
2009
Proposta per progetto di
mitigazione / Proposal for
reduction of environmental
impact
Patrizia Pozzi
Committenza / Client
CityLife
Area intervento / Site area
400.000 m²

57
CityLife: riqualificazione
dell'ex quartiere storico
Fiera Milano /
Redevelopment of the old
Milan Trade Fair District
"Proposta per il piazzale
Giulio Cesare" /
"Proposal for Piazzale
Giulio Cesare"
Milano
2010
Proposta per progetto
paesaggistico / Proposal
for landscape design
Patrizia Pozzi
Viabilità / Road system
Studio Corda
Impianti / Systems
Studio Alpina
Committenza / Client
CityLife
Area intervento / Site area
12.000 m²

58
CityLife: riqualificazione
dell'ex quartiere storico
Fiera Milano /
Redevelopment of the old
Milan Trade Fair District
"Progetto preliminare
per la riqualificazione
ambientale dei viali
Cassiodoro-Berengario-
Ezio-Belisario" /
"Preliminary plans
for environmental
redevelopment of Viale
Cassiodoro, Viale
Berengario, Viale Ezio
and Viale Belisario"
Milano
2009
Progetto paesaggistico
a scomputo oneri e parere
paesistico / Landscape
design including
urbanization and
landscaping approval
Patrizia Pozzi
Viabilità / Road system
Studio Corda
Impianti / Systems
Studio Alpina
Committenza / Client
CityLife
Area intervento / Site area
18.000 m²

59
CityLife: riqualificazione
dell'ex quartiere storico
Fiera Milano /
Redevelopment of the old
Milan Trade Fair District
"Proposta per la
riqualificazione
ambientale della vie
Spinola e Senofonte"/
"Proposal for the
environmental
redevelopment of Via
Spinola and Via
Senofonte"
Milano
2009
Progetto paesaggistico
a scomputo oneri e parere
paesistico / Landscape
design including
urbanization and
landscaping approval
Patrizia Pozzi
Viabilità / Road system
Studio Corda
Impianti / Systems
Studio Alpina
Committenza / Client
CityLife

Area intervento / Site area
8000 m²

60
CityLife: riqualificazione dell'ex quartiere storico Fiera Milano / Redevelopment of the old Milan Trade Fair District Consulenza per il verde privato residenze Hadid / Consultancy for the private green areas of the Hadid residential complex
Milano
2009
Consulenza al progetto del verde privato / Consultant for design of private green areas
Patrizia Pozzi
Progetto architettonico e paesaggistico / Architectural and landscape design
Zaha Hadid
Committenza / Client
CityLife
Area intervento / Site area
14.500 m²

61
CityLife: riqualificazione dell'ex quartiere storico Fiera Milano / Redevelopment of the old Milan Trade Fair District Consulenza per il verde privato Residenze Libeskind / Consultancy for the private green areas of the Libeskind residential complex
Milano
2009
Consulenza al progetto del verde privato / Consultant for design of private green areas
Patrizia Pozzi
Progetto architettonico e paesaggistico / Architectural and landscape design
Studio Libeskind
Committenza / Client
CityLife
Area intervento / Site area
18.500 m²

62
Proposta per nuovo ingresso Aeroporto di Linate / Proposal for a new entrance to Linate airport
Linate, Milano
2010 in progress
Progetto paesaggistico / Landscape design
Patrizia Pozzi
Progetto architettonico / Architectural design
Studio Beretta Associati Srl
Committenza / Client
SEA / Beretta Associati srl
Area intervento / Site area
270.000 m²

Collaboratori / Personnel

Collaboratori attuali / Present personnel

Alessandra Pozzi
ufficio stampa e comunicazione / press office and communication

Paola Rozza
grafica e comunicazione / graphics and communication

Ernesto Mistrangelo
agronomo / agronomist

Sabina Chiodi
architetto, laureata al Politecnico di Milano nel 1995 / architect, graduated from the Milan Polytechnic in 1995

Giulia Fontana
architetto, laureata al Politecnico di Milano nel 1997, specializzazione in progettazione del paesaggio presso la scuola di Minoprio nel 1999 / architect, graduated from the Milan Polytechnic in 1997, post-graduate diploma in landscape design from the Minoprio Foundation in 1999

Paola Gerosa
architetto, laureata al Politecnico di Milano nel 1996 / architect, graduated from the Milan Polytechnic in 1996

Maurizio Franchi
agronomo, laureato nel 2010 alla Facoltà di Agraria a Milano, master in "Progettazione e conservazione del giardino e del paesaggio" presso la Fondazione Minoprio nel 2010 / agronomist, graduated from the Milan faculty of agriculture in 2010, master's degree in the design and conservation of gardens and landscape at the Minoprio Foundation in 2010

Silvia Invernizzi
architetto, laureata al Politecnico di Milano nel 2007 e al Politecnico di Torino nel 2008, diplomata con merito presso l'Alta Scuola Politecnica nel 2007 / architect, graduated from the Milan Polytechnic in 2007 and the Turin Polytechnic in 2008, diploma with distinction from the Polytechnic post-graduate school in 2007

Gianluca Sanguigni
architetto, laureato all'Università La Sapienza di Roma nel 2005 / architect, graduated from La Sapienza University of Rome in 2005

Roberta Rizzi
architetto, laureata al Politecnico di Milano nel 2008, master in "Progettazione e conservazione del giardino e del paesaggio" presso la Fondazione Minoprio nel 2010 / architect, graduated from the Milan Polytechnic in 2008, master's degree in the design and conservation of gardens and landscape at the Minoprio Foundation in 2010

Collaboratori passati / Ancient personnel

Federica Crnjar
architetto del paesaggio / landscape architect

Giovanna Gentile
architetto / architect

Nicolò Dionisio
architetto / architect

Federica del Fabbro
architetto / architect

Sara Cosarini
architetto / architect

Emanuela Stretti
architetto / architect

Miriam Crippa
architetto / architect

Daniele Nitti
scenografo / set designer

Candida Bonfà
dottore in lettere / arts graduate

Patrizia Pozzi
Paesaggista, laureata in Architettura al Politecnico di Milano, dal 1991 è titolare di uno studio di progettazione paesaggistica e architettonica che interviene a scala urbana e territoriale, nazionale e internazionale. Si interessa di mitigazione paesaggistica e ambientale anche per certificazioni LEED e progetti a bassa manutenzione, migliorie per lavori pubblici e privati, riqualificazioni e recuperi di paesaggio. Le sue realizzazioni sono pubblicate su libri e riviste italiane e straniere e sono state selezionate ed esposte alle ultime tre edizioni della Biennale Europea del Paesaggio di Barcellona (premio Rosa Barba)
Landscape architect, graduate in architecture from the Milan Polytechnic, owner and director since 1991 of a firm of landscape and architectural design for urban and rural projects at the national and international level. Areas of interest include reduction of environmental impact, LEED certification, low-maintenance projects, improvements for public and private works, and landscape rehabilitation and redevelopment. Her work has been published in both Italian and foreign books and journals, and featured in the last three editions of the Barcelona European Landscape Biennial (the Rosa Barba Prize).

Crediti iconografici / Iconography credits

Fotografi / Photographs

Douglas Andreetti p. 201 (n. 27)
Lorenzo Borletti pp. 196-197
Santi Caleca pp. 178-179, 203 (n. 27)
Cannata & partners pp. 184-185
Matteo Carassale 23 (basso sinistra / bottom left), 140 (destra/right)
Sabina Chiodi 17 (centro / centre)
Paolo Cottini pp. 106, 112, 116, 126, 130, 244, 256, 257, 265, 299
Alessandra Ferlini pp. 33, 35, 37 (centro destra / centre right), 42 (sinistra / left, basso destra / bottom right), 43, 45, 46-47, 94, 102-103, 134-135, 151, 216-217
Dario Fusaro pp. 147 (destra / right), 190-191, 198 (basso destra / bottom right), 200 (n. 31), 201 (n. 26, n. 34, n. 41), 202 (n. 25), 203 (nn. 34, 6), 204 (n. 34), 206 (centro / centre), 207 (basso sinistra / bottom right), 210-211
Davide Forti copertina/cover, pp. 8-9, 15, 16, 17 (alto sinistra / top left, alto destra, basso sinistra / bottom left, basso destra / bottom right), 18, 19, 22 (alto sinistra / top left, basso sinistra / bottom left), 23 (alto sinistra / top left, centro destra / centre right) 29, 36 (alto centro / top centre, alto destra / top right, basso destra / bottom right), 37 (alto / top, centro sinistra / centre left, basso sinistra / bottom left, basso destra / bottom right), 40, 41, 42 (alto destra 7 top right), 49, 52, 53, 63, 64-65 (basso / bottom), 66-67,

68-69, 73, 74-75, 76, 77, 78, 79, 80, 81, 82, 83, 84, 85, 86-87, 88-89, 92-93, 93, 96, 97, 98, 99, 100-101, 119, 122 (sinistra / left), 124, 127, 140 (alto sinistra / top left, basso sinistra / bottom left), 141, 142-143, 147 (alto sinistra / top left, centro sinistra / centre left, basso sinistra / bottom left), 148-149, 150, 162, 163, 164, 165, 171, 174 (basso sinistra / bottom left), 175 (centro / centre), 176-177, 180-181, 186-187, 194-195, 202 (n. 24), 204 (n. 27), 206 (alto sinistra / top left), 207 (centro / centre)
Alessio Guarino pp. 202 (n. 36), 203 (n. 36), 207 (alto destra / top right)
IKEA srl pp. 108, 109
Silvia Invernizzi pp. 14, 26-27, 30-31, 36 (alto sinistra / top left, basso sinistra / bottom left), 39, 60-61, 95
Giorgio Majno pp. 123, 188-189, 200 (n. 8)
Matteo Piazza pp. 200 (n. 37), 205 (n. 37), 220-221, 230-231
Oscar Podda pp. 21 (basso sinistra / bottom left)
Studio Pozzi pp. 20, 21 (alto / top, centro / centre, basso destra / bottom right), 22 (centro sinistra / centre left, centro destra / centre right, basso destra / bottom right), 23 (alto destra / top right, centro sinistra / centre left, basso destra / bottom, right), 38, 44, 56, 65 (alto destra / top right), 104-105, 112, 113, 114-115, 122 (alto destra / top right, basso destra / bottom right), 128 (sinistra / left), 131, 132, 133, 137, 138, 139, 145, 146, 152-153,

155, 156, 157, 159, 160, 161, 167, 168-169, 174 (alto sinistra / top left, alto destra / top right, centro destra / centre right), 175 (alto / top, basso / bottom), 192-193, 198 (alto sinistra / top left, alto destra / top right, centro / centre, basso sinistra / bottom left), 199, 200 (n. 6, n. 35, n. 36), 201 (n. 25, 40), 202 (n. 23, n. 21, n. 35), 203 (n. 25, n. 37), 204 (n. 23, n. 36, n. 43, n. 25), 205 (n. 6, n. 35, n. 44, n. 36), 206 (alto destra / top right, basso / bottom), 207 (alto sinistra / top left, basso destra / top right), 208-209, 212-213, 214-215, 218-219, 224-225, 226-227, 228-229, 232-233, 234-235, 236, 239, 242, 243, 247, 259, 264, 272, 296, 297, 300, 302
Pietro Savorelli pp. 182-183
Serralunga srl pp. 144
Umor Acqueo srl pp. 241

Immagini / Images

Luca Carella - Studio Digitalshape pp. 111 (basso), 273, 274-275
Celato srl - De Castelli p. 128 (destra), p. 129
Angelo Jelmini, Studio AAAHHHAAA, pp. 90, 92, 93
Polis Engineering srl p. 57
© State of Art Studio - www.stateofartstudio.com p. 117
© Studio AMD Courtesy of Studio Daniel Libeskind p. 303
Studio Pozzi pp. 10-11, 12-13, 24-25, 28, 30-31, 32, 34, 38, 39, 44, 45, 48, 50-51, 54, 55, 56, 58, 59, 62, 64 (alto sinistra), 66, 68, 69, 70, 71, 72-73, 91, 104-105, 106, 107, 108, 109, 110, 111 (alto), 114, 116, 118, 119, 120, 121, 124, 125, 126, 130, 136, 146, 148, 150, 154, 156, 158, 160, 161, 165, 166, 168, 169, 170, 172, 173, 237, 238, 243, 244, 245, 246, 247, 248, 249, 250, 251, 252, 253, 254-255, 256-257, 258, 259, 260, 261, 262, 263, 264, 265, 266, 267, 268, 269, 270, 271, 272, 277, 278, 279, 280, 281, 282-283, 284, 285, 286, 287, 288-289, 290-291, 292-293, 294-295, 296-297, 298-299, 304, 305, 306-307
Studio Zaha Hadid p. 301
Umor Acqueo srl p. 240

Ringraziamenti

Valextra con Emanuele Carminati, Myrianne Gaeta, Ufficio Stampa Valextra

Skira Editore per aver creduto nel progetto editoriale
HW Style con Giulio Arnoldi, Luca Sala
per il supporto nella realizzazione di questo libro

PoliDesign con Giovanna Belli, Nicola Ticozzi, Gianpietro Sacchi, Alberto Zanetta per l'amicizia e la collaborazione che ci lega da anni nei Master del PoliDesign di Milano

Grandi Giardini Italiani con Judith Wade che fu la prima a darmi visibilità nel lontano 1997 Scuola Minoprio con Giovanni D'Angelo, responsabile Centro MIRT Istituto Marangoni con Silvia Scartabelli
AIAPP, Associazione Italiana Architetti Paesaggisti con Paolo Villa Scuola Agraria del Parco di Monza con Massimo Semola
SUN di Rimini con Sergio Rossi, Gustavo Capella e Simona Bordin
F.A.I. in ricordo di Renato Bazzoni

Ai miei "clienti illuminati", è così che li definisco, perché è grazie a loro che abbiamo dato forma ai nostri progetti
Renato Veronesi, Guido Ottolenghi, Veronica Lario e famiglia, Emanuele Carminati, Agostino Gamba, Roberto Russo, Edoarda Cabassi, Lorenzo Borletti, Gualtiero Giombini, Luca Doneda, Umberto

Grella, i Fratelli e Ylona Monferrini, Vittorio e Tea Ingegnoli, Walter Besana, Giulia Ligresti, Luca De Ambrosis, Salvatore e Tami Mancuso, i coniugi Toffoletto, Galotti Impresa, Felice Pioltelli, Giuseppe Bianchi, Francesco Fabretto, Barbara Fassoni, Vincenzo Finizzola

Ai miei preziosi colleghi e "compagni d'avventura"
Luca Scacchetti, Gianmaria Beretta, Studio Capelli Architettura & Associati, Claudio Dini, Alessandro Boe, Raffaele Quaranta, Tiziano Tagliabue, Rolando Gantes, Roberto Morisi, Angelo Jelmini, Marco Piva, Lucilla Malara, Adolfo Pavesi con Studio Corda e Studio Alpina, Giacomo Prini, Paola Caputo, Luca Del Furia, ing. Studio Cobianchi, Polis Engineering con Paolo Schiavazzi e Simone Borroni, M2P con Matteo Tartufoli e Matteo Paloschi, Andrea Lapasini e Salvatore D'Amico, Delta Green con Ferruccio Cammilletti, Andrea Carluccio, Chiara Vecchi, Chiara Rigotti, Roberto Pietra ed Emanuela Ramerino, Umor Acqueo con Giovanni Muccinelli, Ingets con Aldo Galbiati e Paola Villa, Lithos Service con Alessandro Bianchi, Enereco SpA con Aurelio Simoncelli, Axistudio, Studio Morasso con Emilio Morasso, Corrado Bigoni e Sabrina Caviglia, Studio Libeskind Milano, Studio Hadid Milano per la preziosa collaborazione alle opere che illustrano il volume

AdMaiora, Evergreentown Italia, Salix di Anna Patrucco, Marco Serralunga, De Castelli, Fantini Mosaici, Simon Benetton, Casma Involucri Edilizi, Black Out, Album srl, Vivaio Spertini, Floricoltura del Lago Maggiore, L'Officina dei Giardini, Vivai Fratelli Musarra, Rappo Srl per aver collaborato alla realizzazione di alcune importanti opere che appaiono nel libro

Davide Forti, Alessandra Ferlini, Dario Fusaro, Giorgio Majno, Francesca De Col Tana, fotografi, per l'amicizia che ci lega e a tutti i fotografi che hanno collaborato a questo libro

A tutti i miei collaboratori, colleghi, giornalisti, editori e a tutti i direttori delle riviste che ci hanno affiancato e che come me credono nel valore dell'architettura del paesaggio e che hanno con il proprio lavoro dato visibilità ai nostri progetti

A Silvia Invernizzi, Sabina Chiodi, Roberta Rizzi e Paola Rozza per l'importante supporto grafico e per l'organizzazione dei materiali utilizzati nel libro
A Ernesto Mistrangelo, amico e agronomo, grande appassionato, che ci affianca da anni
A Olivia Cremascoli, amica e giornalista
A Paolo Cottini, amico e storico dei giardini
A Gilberto Oneto, che fu il primo a indirizzarmi in questa

professione insieme al FAI e Roberto Bazzoni che ricordo con grande affetto

Un affettuoso ringraziamento a Gabriella Dompé e Alessandra Rossi, che già amiche d'infanzia, mi accompagnano nel mio lavoro

A mia sorella Alessandra, che mi segue da anni nella comunicazione e ufficio stampa

A Silvia e Paola che hanno con cura seguito la creazione di questo libro

A mia madre

A Marco Vianello, Eva Vanzella, Luigi Fiore e all'ufficio stampa di Skira editore per gli indispensabili consigli e l'esperienza editoriale

A Luca Molinari e Simona Galateo per la condivisione e la "magia" che hanno saputo creare in questo progetto

Acknowledgements

Valextra with Emanuele Carminati, Myrianne Gaeta and the Valextra press

Skira Editore for having believed in the project

HW Style with Giulio Arnoldi and Luca Sala for support in the making of this book

PoliDesign with Giovanna Belli, Nicola Ticozzi, Gianpietro Sacchi and Alberto Zanetta for the years of friendship and collaboration in the Masters courses at the PoliDesign in Milan
Grandi Giardini Italiani with Judith Wade, who was the first to give me visibility back in 1997
Scuola Minoprio with Giovanni D'Angelo, head of the MIRT Centre
Istituto Marangoni with Silvia Scartabelli
AIAPP, the Italian Association of Landscape Architects, with Paolo Villa
Scuola Agraria del Parco di Monza with Massimo Semola
SUN, Rimini, with Sergio Rossi, Gustavo Capella and Simona Bordin
F.A.I. in remembrance of Renato Bazzoni

My "enlightened clients", because it is thanks to them that our projects have taken shape
Renato Veronesi, Guido Ottolenghi, Veronica Lario e famiglia, Emanuele Carminati, Agostino Gamba, Roberto Russo, Edoarda Cabassi, Lorenzo Borletti, Gualtiero Giombini, Luca Doneda, Umberto Grella, i Fratelli e Ylona

Monferrini, Vittorio e Tea Ingegnoli, Walter Besana, Giulia Ligresti, Luca De Ambrosis, Salvatore e Tami Mancuso, i coniugi Toffoletto, Galotti Impresa, Felice Pioltelli, Giuseppe Bianchi, Francesco Fabretto, Barbara Fassoni, Vincenzo Finizzola

My invaluable colleagues and "companions of adventure"
Luca Scacchetti, Gianmaria Beretta, Studio Capelli Architettura & Associati, Claudio Dini, Alessandro Boe, Raffaele Quaranta, Tiziano Tagliabue, Rolando Gantes, Roberto Morisi, Angelo Jelmini, Marco Piva, Lucilla Malara, Adolfo Pavesi con Studio Corda e Studio Alpina, Giacomo Prini, Paola Caputo, Luca Del Furia, ing. Studio Cobianchi, Polis Engineering con Paolo Schiavazzi e Simone Borroni, M2P con Matteo Tartufoli e Matteo Paloschi, Andrea Lapasini e Salvatore D'Amico, Delta Green con Ferruccio Cammilletti, Andrea Carluccio, Chiara Vecchi, Chiara Rigotti, Roberto Pietra ed Emanuela Ramerino, Umor Acqueo con Giovanni Muccinelli, Ingets con Aldo Galbiati e Paola Villa, Lithos Service con Alessandro Bianchi, Enereco SpA con Aurelio Simoncelli, Axistudio, Studio Morasso con Emilio Morasso, Corrado Bigoni e Sabrina Caviglia, Studio Libeskind Milano, Studio Hadid Milano per la preziosa collaborazione alle opere che illustrano il volume

AdMaiora, Evergreentown Italia, Salix di Anna Patrucco, Marco Serralunga, De Castelli, Fantini Mosaici, Simon Benetton, Casma Involucri Edilizi, Black Out, Album srl, Vivaio Spertini, Floricoltura del Lago Maggiore, L'Officina dei Giardini, Vivai Fratelli Musarra, Rappo Srl for collaboration on some of the major works appearing in the book

Davide Forti, Alessandra Ferlini, Dario Fusaro, Giorgio Majno and Francesca De Col Tana, photographers and friends, and all the other photographers involved in the making of this book

All my associates and colleagues as well as the journalists, publishers and editors of the magazines that have stood alongside us, that believe as I do in the importance of landscape architecture, and that have given visibility to our projects through their work

Silvia Invernizzi, Sabina Chiodi, Roberta Rizzi and Paola Rozza for their precious assistance with graphics and the organization of the material used in this book
Ernesto Mistrangelo, friend and agronomo, who has worked alongside us for years with great passion
Olivia Cremascoli, friend and journalist
Paolo Cottini, friend and historian of gardens
Gilberto Oneto, the first

to guide my steps in this profession together with the FAI and Roberto Bazzoni, who is fondly remembered

Affectionate thanks to Gabriella Dompé and Alessandra Rossi, childhood friends who are at my side in this profession

Silvia e Paola for the care on this book

My mother

My sister Alessandra, who has worked with me for years in press relations and communication

Marco Vianello, Eva Vanzella, Luigi Fiore and the invaluable press office of Skira Editore for precious advice and publishing experience

Luca Molinari and Simona Galateo for their participation and the "magic" that have instilled into this publishing project